经管文库·管理类

前沿·学术·经典

# 员工帮助计划（EAP）对
# 员工创新行为的影响机制研究

RESEARCH ON THE INFLUENCE MECHANISM
OF EAP ON EMPLOYEES' INNOVATIVE
BEHAVIOR

李慧慧 著

经济管理出版社
ECONOMY & MANAGEMENT PUBLISHING HOUSE

**图书在版编目（CIP）数据**

员工帮助计划（EAP）对员工创新行为的影响机制研究 / 李慧慧著 . — 北京：经济管理出版社，2023.5

ISBN 978-7-5096-9018-5

Ⅰ.①员…　Ⅱ.①李…　Ⅲ.①企业—职工—心理健康—健康教育—影响—企业创新—创新管理—研究　Ⅳ.① F272.92

中国国家版本馆 CIP 数据核字（2023）第 086268 号

组稿编辑：杨国强
责任编辑：杨国强
责任印制：黄章平
责任校对：张晓燕

出版发行：经济管理出版社
　　　　　（北京市海淀区北蜂窝 8 号中雅大厦 A 座 11 层 100038）
网　　址：www.E-mp.com.cn
电　　话：（010）51915602
印　　刷：唐山玺诚印务有限公司
经　　销：新华书店
开　　本：720 mm × 1000 mm/16
印　　张：9.5
字　　数：166 千字
版　　次：2023 年 5 月第 1 版　　2023 年 5 月第 1 次印刷
书　　号：ISBN 978-7-5096-9018-5
定　　价：98.00 元

# 前　言

随着经济快速发展和生活节奏的加快，面对残酷的职场竞争和过重的生活压力，员工身心疲惫，失去了创造力。因此，如何解决员工工作、心理和个人问题，提高其工作积极性和创造性，是当前人力资源管理所关注的重要课题。员工帮助计划（EAP）是组织实施的一项重要的管理实践工作，它通过帮助员工解决心理、健康等方面的问题，有效地激发员工个体的内在动力，同时提升组织绩效和个人绩效。在目前财富 500 强企业中，有 90% 以上的企业引入了员工帮助计划。而在我国，绝大多数组织，特别是民营企业还没有员工帮助计划。这说明大家对员工帮助计划的作用认识还不够。另外，使用员工帮助计划时，需要将其放在中国情境下进行研究和实践，这样才能更适用于中国的企业和员工。但目前，我国关于员工帮助计划的研究还比较匮乏，还存在相关理论比较零散、实证检验不足、研究的广度和深度不够等问题。因此，探讨员工帮助计划对创新行为的影响具有很大的理论意义和现实意义。

基于以上背景，本书围绕员工帮助计划服务展开，对员工帮助计划的服务内容以及其对员工创新行为的影响机制进行研究，主要回答以下几个问题：①员工帮助计划的服务内容如何界定和测量？②员工帮助计划对员工创新行为是否有影响？③如果员工帮助计划对员工创新行为有影响，那么影响机制是怎样的？是否有其他变量在影响过程中发挥作用？

为解决以上问题，本书主要做了以下工作：①开发了员工帮助计划服务内容量表，并在此基础上设计了员工帮助计划影响员工创新行为的调查问卷。运用扎根理论方法对收集到的原始研究资料进行编码分析，并基于国内员工帮助计划的实际应用情况，提出员工帮助计划的内容维度由成长培训服务和心理咨询服务 2 个维度构成。运用德尔菲法、小样本测试等方法设计了员工帮助计划的内容测量量表，使用统计分析软件进行了探索性因子分析和验证性因子分析，最终确定 10 个题项的量表。②运用扎根理论方法对原始研究资料进行编码分析，经过开放式编码、主轴性编码和选择性编码，构建了员工帮助计划影响员工创新行为的理论模型，并根据理论模型提出了17条假设。③以宁夏、陕西、甘肃、青海、新疆5省份通信公司员工为调查对象，通过线上和线下两种方式收集大样本数据，利用结构方程模型和多元层次回归方法对研究假设进行了检验。

通过实证发现：①在直接作用中，员工帮助计划对员工创新行为有显著的直接影响，在具体的2个维度中，成长培训服务和心理咨询服务均对员工创新行为有显著的直接影响。②在中介作用中，成长培训服务方面：心理契约在成长培训服务与员工创新行为之间的中介作用显著，关系嵌入在成长培训服务与员工创新行为之间的中介作用显著，心理契约和关系嵌入在成长培训服务与员工创新行为之间的链式中介作用显著。从中介效应大小来看，关系嵌入的中介效应最大，心理契约的中介效应次之，心理契约和关系嵌入的链式中介效应最小。心理咨询服务方面：关系嵌入在心理咨询服务与员工创新行为之间的中介效应不显著。心理契约在心理咨询服务与员工创新行为之间的中介效应显著，心理契约和关系嵌入在心理咨询服务与员工创新行为之间的链式中介效应显著。从中介效应大小来看，心理契约的中介效应大于心理契约和关系嵌入的链式中介效应。③在调节作用中，性别能够调节心理咨询服务对心理契约的预测作用。并且，女性员工在调节心理咨询服务对心理契约的预测作用要大于男性员工。组织任期能够调节成长培训服务对关系嵌入的预测作用，组织任期长的员工在调节成长培训服务对关系嵌入的预测作用要大于组织任期短的员工。

# 目 录

# 第一章 绪 论

## 第一节 研究背景

2020 年 10 月 29 日，中国共产党第十九届中央委员会第五次全体会议审议通过了《中共中央关于制定国民经济和社会发展第十四个五年规划和二〇三五年远景目标的建议》（以下简称《建议》）。《建议》中提出，我们国家要到二〇三五年建成文化强国、教育强国、人才强国、体育强国、健康中国。这意味着我国要全面推进健康中国建设的重大任务，同时要加快实施职业健康保护等专项行动，"健全社会心理服务体系和危机干预机制"，说明我国已经将心理健康放在了前所未有的高度。这次全会还提出了"坚持创新在我国现代化建设全局中的核心地位，把科技自立自强作为国家发展的战略支撑"。早在党的十八届五中全会，我国就明确了"创新、协调、绿色、开放、共享"五大发展理念。党的十八大召开以来，习近平总书记经常在讲话中强调"创新"，提到"创新"一词已经超过了千次，可见总书记对创新的重视程度[1]。正如习近平总书记所说："坚持创新发展，就是要把创新摆在国家发展全局的核心位置，让创新贯穿国家一切工作，让创新在全社会蔚然成风。"在微观层面上，组织是创新活动的主体。但组织的创新活动最终是要通过个人的创新行为才能实现，因此，组织中的个体才是创新的根本，是组织创新活动的核心要素。创新驱动的本质实际上是人才驱动。促进员工创新行为是提高组织绩效、促进组织迅速发展的重中之重[1]。

组织希望通过员工的创造性劳动，提出更多创新性的想法，提供更新颖实用的服务来增加企业的竞争力，提高企业在日益严峻的生存环境中的生存实力。已有研究表明，员工创新行为受员工个人心理因素、组织环境、人际互

① http://cpc.people.com.cn/n1/2016/0301/c64094-28159798.html.

动、个体与组织环境互动、工作特征等因素的影响。那么作为组织而言，如何在具体的管理实践中关注这些因素，并通过影响这些因素进而影响员工的创新行为是组织面临的现实问题。员工帮助计划是组织实施的一项重要的管理实践工作，它是组织通过积极主动地开展辅导、干预等服务，帮助员工解决其心理、健康等方面存在的问题，以达到有效地激发员工个体的内在动力，同时提升组织绩效和个人绩效的目的[2, 3]。实证发现，员工帮助计划与员工的旷工率[4]、离职率[5]显著负相关。而与员工的组织承诺、员工关系[5]显著正相关。虽然影响员工创新行为的相关研究很多，并且人力资源管理对员工创新行为的影响也逐步得到重视，但员工帮助计划对员工创新行为的影响还有待于进一步探索和验证。

## 一、现实背景

员工帮助计划起源于 20 世纪初期的美国戒酒方案，是企业界所推行的一种员工福利方案。20 世纪 90 年代，随着大量外资企业进入中国，员工帮助计划也被带入了中国。虽然员工帮助计划引入中国的 20 余年里，得到了迅猛发展，但总的来说，还处于起步阶段。很多企业对员工帮助计划还很陌生，即便已经开展员工帮助计划的企业，也对该项工作重视不够。一名国企分公司员工帮助计划负责人说："我们下去开展工作的时候，很多领导都不愿意让员工参加。他们认为做这些工作，不如实打实的抓生产、提高产能更实际，领导认为员工帮助计划这些都是虚的。"但是，我国经历 30 年的飞速发展，这让人们更容易产生价值缺失和精神焦虑[3]。而且，不论是从我国的制度、意识形态还是经济发展、企业文化等方面来讲，都需要进一步发展员工帮助计划。

### （一）从制度的角度来看

现代化是一个国家现代文明发展的重要体现，在现代化发展的进程中，人是最重要的决定性的因素，也是最具有创造性的因素，是现代化进程中最核心的力量。如何实现国家现代化发展与促进人的全面发展之间的平衡性与一致性，是一个重大的难题。人是一切社会关系的总和，人的身心健康和全面发展直接影响着社会的发展进程。如果在发展过程中，精神文明建设和物质文明建设不能保持同步，那么就会出现人文精神迷失的现象，最终会影响现代化进程的整体推进。因此，只有有效地促进人的精神健康，才能构建和谐社会。员工帮助计划经历了近百年的发展，从最初的"戒酒计划"逐步发展到现在全面关注人的健康状态，始终以全人健康作为核心目标，以其系统性、超前性、动态性的服务，预防和解决员工在社会、工作、生活中所面临的问题和困惑，促进员工精神健康，推动员工与组织、与社会的和谐发展。因此，发展员工帮助计划可以满足"人民群众追求美好生活的需求"。

**（二）从意识形态的角度来看**

意识形态工作涉及人对世界和具体事物的认知及理解，涉及对特定事物或事件的具体感知、价值判断和思想观念[①]。意识形态工作是为国家立心、为民族立魂的工作。意识形态工作关系到国家的长治久安、民族的凝聚力和向心力以及百姓的福祉。如果意识形态工作领域出现问题，将会影响我国改革开放取得胜利成果，也会影响人民群众的幸福，由此可见，意识形态工作是一项极其重要的工作。这就要求意识形态工作要做得有创新、接地气，要贴近基层、贴近百姓，要以基层和百姓喜闻乐见的形式，将深刻的道理讲清、讲透。当前，随着全球经济一体化进程的加快，员工面临着前所未有的不确定性和心理压力，极容易产生心理枯竭。员工帮助计划的本质是以人为本，注重人文关怀和心理疏导，关注员工的生命质量、生活质量和未来发展。以员工帮助计划为思想工作的载体，可以以员工的切身利益为切入点，引导员工正确看待是与非、对与错、善与恶、情与法，纠正员工认知偏差，通过不断改善员工的心理资本，进一步筑牢员工的思想防线。

**（三）从经济的角度来看**

全民所有制企业的实质就是企业生产资料归全体人民共同所有的企业。全民所有制是社会主义生产关系的一种主要体现形式。在我国还在实行计划经济的时候，全民所有制企业主要体现在国家所有制的具体形式上。目前，虽然一部分中小型国有企业通过各种方式实现了转变，但大型和特大型国有企业仍然是我国支柱产业的重要支撑，是我国经济的重要力量，同时是我国构建和谐社会的重要群众基础和政治基础。国有企业的根本性质是全民所有、为民服务，是为了更好地为全体人民谋利益、增福祉，是劳动人民当家作主的一种表现形式。员工帮助计划是组织的社会工作在员工利益上的体现，它旨在促进员工的身心健康，培养员工的健康生活理念，建立"以人为本"的组织文化，不断增强员工在组织中的主体意识、参与意识和合作意识。因此，发展员工帮助

---

① http://theory.people.com.cn/n1/2016/1129/c40531-28905006.html.

计划是"人民当家作主"的具体体现。

**（四）从文化的角度来看**

随着全球经济一体化进程的日益深化，企业面对的竞争环境日益激烈，为了获得竞争优势，企业需要源源不断地创新，以适应日益多变的市场需求。因此，创新不仅是国家经济发展的核心竞争力，更是企业保证长期生存的不竭动力。很多企业希望通过引进国外先进技术来增强自己的竞争力，却发现劳而无功[6]。这主要是因为企业忽略了人的因素，在各种生产要素中，掌握知识与技术的人力资源是最关键因素。企业的创新实践需要靠人去完成，企业创新的根源是人，是员工。员工创新是企业创新驱动的重要推动力，是企业提升核心竞争力的关键[7]。中国五千年的悠久历史蕴含着丰富的管理思想，体现着独特的中国管理思想，其中，和谐、平衡是中国管理文化的精髓。早在春秋时期，齐桓公向管仲征求成就霸业意见的时候，管仲就给出了"夫霸王之所始也，以人为本。本治则国固，本乱则国危"的意见，就是强调人本管理，要以人为本，尊重人、关心人、激发人的热情，实现人的价值，这也是员工帮助计划的核心理念。因此，发展员工帮助计划是传统文化思想和智慧在现代管理应用中的重要体现。

员工帮助计划是从国外引入的，我们要学习他们的成功理论或者经验。但中国的发展走的是中国特色社会主义道路，这就意味着我们有着自己独特的文化、传统以及管理模式，所以在使用员工帮助计划时，我们也需要将其放在中国情境下进行研究和实践，这样才能更适用于中国的企业和员工。

## 二、理论背景

### （一）员工创新行为的研究

员工创新行为是一个有机的过程，不仅包括产生创造性的想法，还涵盖推广和实施创新创意等行为[8]。整个创新过程受个人特征、工作特征、组织情境和人际互动等因素的影响。早期的研究主要偏向于个体特征对员工创新行为的影响。例如，性别[9]、内在动机[10]、职业价值观[11]等个体心理因素对员工创新行为具有重要影响。逐渐地，学者们开始关注外界因素对员工创新行为的影响，如工作挑战性[12]、变革型领导[13]、创业型领导[14]、家长式领导[15]、授权型领导[16]、组织或团队氛围[17]、人力资源管理强度[18]、互惠行为[19]、非正式互动[20]等因素都会影响员工的创新行为。随着研究的不断深入，学者们发现个体的人格特质和内部能力具有较大的稳定性，很难在短时间内发生改变。外在的组织因素只有通过个体内在因素才能发挥作用，员工创新行为是由个体内在和外部环境的交互作用决定的[21]。只有通过影响个体活动的外部因素来促进个体创新行为的形成是相对较容易实现的，并且这样的干预能够在较短时间内产生效果。

从以上研究可以发现，个体特征和组织环境都可以影响员工创新行为。但在这个影响过程中，组织因素与员工创新行为之间存在着主效应，员工的内在特质大多起着中介作用。如顾远东等发现，组织创新气氛是激发员工创新行为的重要组织环境因素，通过影响员工的创新自我效能感进一步影响员工创新行为[22]。邓玉林等通过实证研究发现，在"关系导向"的中国文化背景下，员工的心理授权在"上司 – 下属"关系影响员工创新行为中发挥中介作用[23]。根据社会认知理论的解释，有学者认为，组织因素会受到组织中的人力资源管理系统的影响[24]。因此，人力资源管理与组织创新成果间相互关系的研究逐步得到学者的关注和重视。虽然学者们探索了诸多影响员工创新行为的因素，但外界环境的不断变化和员工队伍年轻化步伐的日益加快，会不断出现新的影响员工创新行为的因素，已被证实的影响因素的影响强度也会发生变化。因此，不断探索新的员工创新行为的影响机制，对管理理论和组织实践都十分有意义。鉴于此，本书拟探讨人力资源管理实践对员工创新行为的影响机制。

**（二）员工帮助计划研究**

20世纪30年代，著名的霍桑实验发现，工厂里的工人不只是"经济人"，其行为不仅仅受物质的刺激，还受人的因素影响。这是学者第一次把管理研究的重点从外在物的因素转到内在人的因素上。后来，由工会和管理部门共同发起了"工作生活质量"（Quality of Work Life）实施方案，并为许多企业所采用。该方案主要是为了改善员工的工作环境和生活福利，进一步提高员工满意度和组织生产率。"工作生活质量"主要关注劳动报酬的公平性、工作条件和工作环境的改善、工作本身的满意度、员工参与民主管理和决策、工作的社会意义以及员工的权利保障等问题。"工作生活质量"实施后，成为20世纪70年代的新命题。许多学者开始探索工作生活质量与人力资源产出的关系、与组织生产率的关系、与工会的关系以及与特殊员工群体工作生活质量的关系等。很多国家也开始推行"工作生活质量"方案，如：1972年，德国推行了该方案，并制定了鼓励员工参与的法案；1974年，法国也帮助企业实施方案，旨在帮助员工改善工作条件。由此，我们可以看出，虽然"工作生活质量"方案开始重视人的作用，认为员工除物质收入外，还有很多其他追求的目标。但"工作生活质量"方案强调更多的是工作条件和员工的权益保障，更多的是关注员工的群体权益，而对个体和员工的精神需求不够重视。

随着工作和生活节奏的加快，员工面临着残酷的职场竞争和过重的生活压力，这使员工体验到一种持续的身心疲惫、厌倦、悲观，对什么都没有兴趣，失去了创造力。同时，因为这些情绪的影响，他们的身体也会出现失眠、注意力不集中、思维速度变慢等状况，这些问题都会影响到员工工作的积极性和创造力。此外，互联网时代的到来，给组织和员工、员工与员工之间的关系带来了巨大冲击。互联网在给员工带来零距离交流、与组织的关系更为平等、员工自主化管理增强等正面促进作用的同时，还给员工带来了很多负面的影响。比如，工作生活的边界越来越模糊，与同事面对面的沟通减少，工作压力越来越大等，这些问题都会造成员工过度疲劳、职业倦怠，甚至产生抑郁倾向[25]。

员工帮助计划是组织为了帮助员工解决工作、生活及其他方面的问题专门设置的系统的服务项目，它与一般的福利措施并不等同，而是通过专业人员为员工及其家庭提供身心健康管理服务，为组织管理层提供管理提升建议，从而实现提升组织绩效和员工满意度等目标。员工帮助计划主要围绕员工个体层面、组织整体层面以及国家和社会层面三个层面开展工作。

（1）员工个体层面的目标包括：①提升员工身心健康水平，促进员工个人生活品质的提高；②帮助员工解决由工作、生活所带来的各种困扰；③减少或缓解员工的压力；④指导和帮助员工优化人际关系；⑤促进员工改善家庭关系；⑥协助员工解决工作生活冲突，促进员工改善工作与生活的关系；⑦帮助员工自我成长，促进其职业发展。

（2）组织整体层面的目标包括：①优化员工的福利制度，满足员工日益增加的需要；②优化组织承诺，增强员工幸福感；③提高员工满意度；④改善组织氛围；⑤降低管理成本；⑥通过对心理变量的干预改变组织绩效。

（3）国家和社会层面的目标包括：①创建工作场所的和谐氛围；②提高社会生产力；③增加社会稳定，减少因工作场所问题带来的不稳定因素；④提高国民幸福感。

这三个层面的目标中，员工个体层面目标和组织整体层面目标是员工帮助计划的核心目标。员工帮助计划的核心目标如图1-1所示。

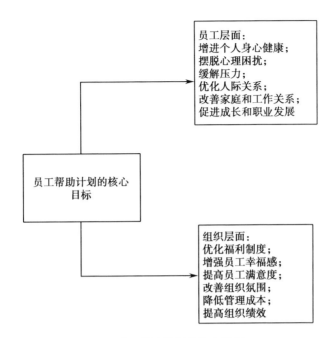

图 1-1　员工帮助计划的核心目标

资料来源：张西超.员工帮助计划［M］.北京：人民大学出版社，2015

员工帮助计划在全球得到了增长和认同，已经发展成为组织促进工作场所心理健康的重要伙伴，许多实践已经证实，员工帮助计划能帮助员工减少压力带来的相关生理症状，影响员工的组织承诺感和员工关系[5]，提升员工的身心状态[26]、工作绩效、工作满意度、组织承诺[4]，还能有效减少员工旷工和离职的现象[27]。因此，有越来越多的企业推行员工帮助计划项目，旨在通过服务帮助员工解决工作或者生活中各种压力带来的负面情绪困扰，进一步完善组织支持和福利系统，来缓解职业枯竭现象，提升员工幸福感和满意度，最终达到提升员工积极心理资本的目的。中国情境下的员工帮助计划是社会建设和社会治理的重要组成部分，很多企业社会工作的创新举措都直接或间接地与员工帮助计划有关。员工帮助计划涉及的与员工有关的工作设计、员工发展、管理风格、组织文化等，每一个环节都是深化"人本管理"理论的体现，都与党和国家提出的"社会和谐"理念、"以人为本"理念高度吻合。

一些心理学家、管理学家通过对企业实际实施的员工帮助计划项目进行全方位、长时间的追踪调查和分析研究，得出了员工帮助计划的实施效果。但这些研究大多是针对员工帮助计划项目的某一个步骤或某一方面进行的，缺乏整体性和系统性[2]。而且，这些效果评估，大多是针对员工帮助计划的实施过程、员工心理和行为、组织的经济层面等方面进行主观调查，对产生这种结果的内部机制的相关研究较少，而了解作用机制，有助于企业优化管理过程，进一步加强内部管理，提升管理绩效。鉴于此，本书拟探讨员工帮助计划对创新行为影响的内在机制。

## 第二节 研究问题

为了在激烈的商业环境中保持竞争优势，企业越来越多地关注创新，希望以此应对市场需求的快速变化。但是，员工的创新行为大多数情况下不是自发性行为[28]。也就是说，员工的创新行为需要适宜的条件和环境。因此，分析员工创新行为的影响因素，研究影响员工创新行为的内在机制，对促进员工创新行为、提升组织创新能力具有十分重要的价值和意义。国外的实践和研究证明，员工帮助计划在改善员工身心健康、促进员工自我成长、提高组织绩效方面具有重要作用。那么员工帮助计划能否影响个体和人际关系，通过交互作用对创新行为有所影响？基于此，本书将探究员工帮助计划对员工创新行为影响的内在机制。由于员工帮助计划项目引入我国时间还不长，相关的实证研究还不是很丰富。因此，本书将围绕"员工帮助计划对员工创新行为的影响"这一核心问题，试图深入探究以下几个问题：

（1）员工帮助计划的内容维度是什么？各个维度又是怎样测量的？关于员工帮助计划的服务内容，以往研究所做出的划分并不相同。在西方，由于员工帮助计划的前身是戒酒计划，它的一个重要服务内容是戒酒和药物滥用，但这种情况在我国并不常见。因此，照搬国外的服务内容，并不符合我国员工的实际需求。那么，在我国，企业一般为员工提供哪些内容的服务？员工更希望得到哪些服务？这对国内推广员工帮助计划十分重要。本书将使用扎根理论对收集到的研究资料进行分析，形成员工帮助计划服务内容结构维度。

（2）员工帮助计划对员工创新行为是否有影响？现有的研究主要关注员工帮助计划对组织承诺[4]、员工关系[5]等正向关系与旷工行为和离职行为[27]等负向行为的影响，对员工创新行为是否有影响还没有研究，本书将进行探索。

（3）如果员工帮助计划对员工创新行为有影响，那么影响机制是怎样的？是否有其他变量在影响过程中发挥作用？员工在获得员工帮助计划服务后，会对心理状态有影响吗？这种心理状态会影响员工创新行为吗？在使用员工帮助计划之后，除了已证实的会影响到员工的心理状态，还会影响到员工的人际关系吗？这些因素及交互作用会影响到员工的创新行为吗？此外，不同类型的员工在使用员工帮助计划服务后，会有不同的效果吗？总之，探索员工帮助计划影响员工创新行为的内在机制，是为了探寻员工创新行为背后的原因，以便更有针对性地开展人力资源管理和实践，主动地激发和促进员工创新行为的发生。对以上这些问题的回答，将直接影响到组织人力资源管理的策略。

# 第三节　研究意义

## 一、理论意义

### （一）丰富员工帮助计划理论研究

员工帮助计划是集员工福利和人力资源管理手段于一体的一项管理措施，是通过解决企业实际问题而逐步发展起来的。该项服务在许多发达国家已形成了相对比较完善的理论体系。但国内还处于起步阶段，理论研究和实证实践都还不是很完善，存在很多空白。本书以国内开展员工帮助计划服务的企业员工为调查对象，分析了在我国文化背景下，该项目对员工个人心理及人际互动的直接影响，以及对员工创新行为的间接影响，拟通过本书丰富在不同文化背景下，员工帮助计划的概念和原理，通过理论演绎和实证分析，得出员工帮助计划的理论框架。

### （二）开发了员工帮助计划服务内容测量工具

本书经过程序化扎根理论、探索性因子分析和验证性因子分析，识别了员工帮助计划的服务类型，开发了员工帮助计划服务内容测量工具。由于员工帮助计划引入我国时间还不是很长，很多组织还未能认识到其重要作用，在选择使用的时候也存在顾虑和疑问，缺少可应用的工具和方法。因此，识别员工对员工帮助计划的服务需求，并提供相应的测量手段，可为今后员工帮助计划相关研究和应用奠定基础。

### （三）拓展了员工创新行为产生机制的研究视角

关于员工创新行为的研究很多，但主要集中在组织创新氛围、领导风格、组织认同等外部因素对创新行为的影响，关于人力资源管理实践对创新行为影响的研究还不够丰富。员工帮助计划作为人力资源管理新的方法和手段，本书试图从这一视角入手，探索其对员工创新行为的影响，以及这种影响下的中间机制。本书将聚焦员工帮助计划、员工创新行为、心理契约、关系嵌入等因素，较为系统地研究员工帮助计划如何通过心理契约这个员工个人心理的内在因素，以及关系嵌入这个人际互动的外在因素两者的中间作用，揭示员工帮助计划影响创新行为的内在机理，拓展了影响员工创新行为的中间机制研究。

### （四）扩展了关系嵌入的研究对象

嵌入的概念来自于社会学，对关系嵌入的研究一般以企业或者集群为研究对象。目前国内关于关系嵌入的研究还不多，已有的研究主要将研究视角放在企业层面，如分析企业在网络中与其他企业成员之间的关系嵌入对组织绩效、创新绩效的影响。随着社会的变化和企业的发展，员工的工作形式也越来越灵活，项目团队在不确定环境下成为越来越常见的工作单元，个体的创新行为和所在团队的嵌入水平直接影响其创新行为，成为决定个体创新能力的重要指标。本书将研究视角放在员工个体层面，通过数据分析，拟实证关系嵌入与心理契约、员工帮助计划、员工创新行为等变量之间的关系。这些研究将关系嵌入研究对象从组织层面拓展至个人层面，拓展了关系嵌入的研究内容，有助于今后在微观机制上深化对关系嵌入的研究。

## 二、现实意义

### （一）有助于提高企业对员工帮助计划的注意和重视

本书展示了员工帮助计划影响员工心理与行为的机制。这能够加深企业对员工帮助计划的注意和重视。员工帮助计划进入中国较晚，引入员工帮助计划的企业不多，并且很多企业在引入时也并没有引入完整的服务项目。这源于大多数企业并没有认识到员工帮助计划的重要作用，没有将实施该项目与达成企业目标有机结合起来。美国健康和人文服务部 1995 年的资料显示，在员工帮助计划项目上投入 1 美元，可以得到 5～7 美元的回报，说明员工帮助计划对降低管理成本、提升组织绩效具有很大的促进作用，能给企业带来可观的经济利益。本书研究了员工帮助计划对员工创新行为的影响机制，发现员工帮助计划对员工的心理契约、关系嵌入和员工创新行为均有正向影响。因此，研究员工帮助计划对员工心理状态、行为的影响，有助于提高企业对员工帮助计划的重视，发挥该项目的效益。

**（二）能够为企业使用员工帮助计划项目提供参考**

本书通过系统地研究员工帮助计划对员工创新行为的影响，揭示员工帮助计划影响其创新行为的内在机理。研究发现，不同的员工帮助计划服务项目对员工创新行为影响的路径不同，这能够加深企业对不同服务内容的理解，提高企业人力资源管理实践效果。

**（三）有助于企业更有效地管理工作团队**

本书通过实证发现，性别能够调节心理咨询服务对心理契约的预测作用，女性员工在调节心理咨询服务对心理契约的预测作用要大于男性员工。同时，组织任期能够调节成长培训服务对关系嵌入的预测作用，组织任期长的员工在调节成长培训服务对关系嵌入的预测作用要大于组织任期短的员工。了解员工的差异是员工激励工作的基础，因此，本书能够帮助企业提高员工管理水平，更加有效地管理工作团队。

**（四）有利于企业评价员工帮助计划服务质量**

本书开发了员工帮助计划服务内容测量量表，企业可以对实施的员工帮助计划服务质量进行评价，识别服务质量较高的项目，调整服务质量不满意的项目，这可以让企业有限的资源发挥更大的作用。

# 第四节　主要研究内容和技术路线

## 一、主要研究内容

本书以员工帮助计划影响员工创新行为为研究内容，在系统收集和处理文献基础上，基于社会认知理论和社会交换理论提出员工帮助计划如何通过心理契约和关系嵌入而影响员工创新行为的中间机制的研究假设。同时，提出性别和组织任期分别在以上内在机制中的调节作用的研究假设。通过发放问卷，整理和分析数据，最终得出研究结论，提出管理对策和建议。各章主要研究内容如下：

第一章：绪论。这一章主要介绍全书的选题背景，研究问题的提出，研究的意义，研究的内容和技术路线，采用的研究方法以及创新点。

第二章：理论基础与文献综述。这一章主要对国内外员工帮助计划、员工创新行为、心理契约、关系嵌入理论从起源、概念到前因变量和结果变量进行系统回顾，指出现有研究的不足，并提出研究问题。

第三章：员工帮助计划对员工创新行为影响机制模型构建和假设提出。在基础理论与文献综述回顾的基础上，采用程序化扎根理论研究方法就员工帮助计划对员工创新行为影响的内在机制进行了探索性研究。在经过对原始数据资料的编码分析和理论饱和检验之后，结合"S-R"（刺激–反应）模型、"S-O-R"（刺激–机体–反应）模型，构建出本书的理论模型框架。

第四章：员工帮助计划量表开发与数据收集。在这一章中，主要是依据规范的量表开发流程对员工帮助计划量表进行开发，经过初始量表生成、题项精简、净化等流程，最终确定正式量表，并进行了小样本测试，最终实施调查收集本研究的数据，为第五章的实证分析工作奠定基础。

第五章：员工帮助计划对员工创新行为影响机制的实证分析。本章首先对所收集到的样本数据进行基本统计分析；其次对量表的信度和效度进行检验；最后通过多元统计分析对员工帮助计划对员工创新行为的直接作用关系，心理契约和关系嵌入的中介作用关系，性别和组织任期的调节关系假设进行检验。

第六章：研究结论与展望。这一章主要是对前几章研究的结果进行总结，通过对研究结果的讨论和分析，提出相应的管理建议。这一章还针对本书存在的不足和未来可能继续开展的工作进行了分析及展望。

## 二、技术路线

技术路线如图 1-2 所示。

本书遵循问题导向的技术路线，首先，通过大量阅读有关文献，梳理和分析现有研究的主要成果和不足。

其次，基于程序化扎根理论方法，采集了原始研究资料，并对原始资料进行了编码分析，构建了本书的理论模型。

最后，在原始研究资料分析和借鉴他人成熟量表的基础上，确定了量表并进行了数据收集，最终进行了理论模型的检验和全书的撰写。

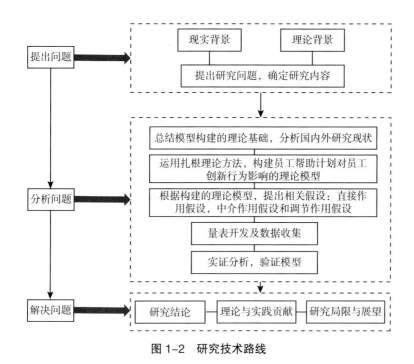

图1-2　研究技术路线

# 第五节　主要研究方法

本书采取质性研究和量化研究相结合的方式进行。质性研究与量化研究是相对的概念。质性研究也称为定性研究，是研究人员通过个人访谈等多种资料收集的方式，对研究对象进行深入的探索，从原始资料中形成理论的一种研究方法。量化研究也称为定量研究，是研究人员将研究问题用数量表示，进行分析、检验、解释，并获得意义的一种研究方法。本书主要使用了以下几种方法：

**（一）文献分析法**

员工帮助计划是值得研究的人力资源管理实践问题，相关研究成果还不够丰富。在本书的绪论、理论基础与文献综述以及研究假设提出部分，主要采用了文献分析法。通过中国知网、EI、Web of Science等数据库查阅了大量英文文献和中文文献，还阅读了与员工帮助计划有关的著作，通过系统地对文献和著作进行梳理和归纳，及时掌握了最新的研究动态，对本书的研究背景进行分析，提出研究问题，梳理相关理论和文献，提出研究假设。

**（二）深度访谈法**

在本书的理论模型构建以及假设提出部分，采用了半结构化访谈法对实施员工帮助计划企业的员工、管理人员及员工帮助计划服务供应商进行访谈，形成了原始研究资料，旨在通过提供或使用员工帮助计划服务的员工、管理人员的体验和感受来构建员工帮助计划的内容维度，以及其对个人心理、行为的影响。

**（三）问卷调查法**

除了深度访谈法，本书还在程序化扎根理论方法和借鉴国内外成熟量表的基础上，开发了相关量表，并通过前测性访谈和问卷试调查对问卷进行结构和内容的调整，然后通过现场调查、线上调查等多种方式进行小样本测试和大样本正式调查，得到研究数据。

**（四）扎根理论研究方法**

扎根理论是通过规范的步骤从原始资料中提炼、归纳和构建理论的研究方法，是常用的质性研究方法之一。扎根理论适用于内涵和外延还不明确的理论概念，或者是结构关系相对比较复杂的研究领域。一般来说适合用于对比较新的研究问题的探索研究中。本书所关注的员工帮助计划在我国的实证研究还不够丰富，虽然已有研究验证了员工帮助计划可以影响员工的心理契约。但员工帮助计划对员工的行为有怎样的影响？不同的服务内容对员工的心理状态和行为影响是怎样的等问题还没有阐明，还需进一步厘清。本书在第三章中按照扎根理论的要求和规范，通过对一手数据和二手数据形成的原始研究资料进行开放式编码、主轴性编码、选择性编码三级编码分析，构建了员工帮助计划影响员工创新行为的理论模型。

**（五）实证研究法**

在构建理论模型和提出研究假设之后，本书在第五章通过 SPSS、AMOS 等统计分析软件对收集到的问卷数据进行统计分析，主要包括描述性统计分析、信效度检验、探索性因子分析、验证性因子分析、相关分析、回归分析和中介效应检验、调节效应检验。通过分析结果，对本书提出的假设进行了验证。

# 第六节　创新之处

本书在对员工帮助计划、员工创新行为、心理契约、关系嵌入等相关文献资料的梳理和分析的基础上，提出了员工帮助计划对员工创新行为影响机制的相关研究假设，通过问卷调查进行数据收集，使用统计软件对数据进行处理分析，对提出的研究假设进行检验，最终得到了本书的研究结论，并提出管理建议。总的来看，本书存在以下创新之处。

**（一）内容元素的创新，提出员工帮助计划的内容维度并开发了测量量表**

本书运用程序化扎根理论对收集到的一手数据和二手数据进行编码分析，并基于国内员工帮助计划的实际应用情况，提出员工帮助计划的内容维度由成长培训服务和心理咨询服务 2 个维度构成。运用德尔菲法、小样本测试等方法设计了员工帮助计划的内容测量量表，使用统计分析软件进行了探索性因子分析和验证性因子分析，最终确定包含 2 个维度、10 个题项的量表。

**（二）理论模型的创新，构建了员工帮助计划、心理契约、关系嵌入、员工创新行为的总体关系模型**

本书构建了员工帮助计划影响员工创新行为的理论模型，并运用结构方程模型和多元层次回归方法对心理契约、关系嵌入的单独中介作用和链式中介作用，以及性别和组织任期的调节作用进行了验证。

**（三）研究思路的新尝试，使用质性研究和定量研究相结合的研究思路探索了员工帮助计划影响员工创新行为的内在机制**

现有的有关员工帮助计划的研究主要使用问卷调查法、定量分析法、案例分析法，本书使用质性研究和定量研究相结合的研究思路探索了员工帮助计划影响员工创新行为的内在机制。这种用质性研究和实证研究相结合的方法探索内在机制的思路，可为今后研究员工帮助计划问题提供新的参考。

# 第二章 理论基础与文献综述

## 第一节 理论基础

### 一、社会交换理论

社会交换理论是 G.Homans 等（1961）在《社会行为：它的基本形式》一书中正式提出的。社会交换理论认为，人类在社会活动中的所有行为，都会被可能给自己带来奖励和报酬的交换活动所影响。所以，我们可以把人的一切社会活动都看作一种交换活动。那么，人在这种社会活动中所产生的关系，也可以看作一种交换关系[29]。

社会交换理论的代表人物有 G.Homans、Blau、Emerson 等。G.Homans 的社会交换理论主要是将经济学、心理学等学科的成果运用到微观层面进行分析，也就是从个体层面出发，包括个体需要、个体心理动机等，得到社会交换的本质是个体为了获得报酬，或者减少惩罚而采取的交换活动。因此，G.Homans 的社会交换理论被认为是"精致的、完整的具有强解释力的现代社会学理论"。同时，G.Homans 将经济学、社会学等概念和理论运用到人际交往研究中，从经济理性的角度出发，揭示了人际交往和社会交换的终极目的是交换，从交换中获得自己的最大利益。特别是 G.Homans 提出了交换的经济性、社会性、主体性等概念和理论，这为人类社会普遍存在的社会交换行为提供了成功的理论范式。

Blau 认为，虽然大部分人类的行为是出于社会交换考虑的，但不是所有的行为都被社会交换理论所支配，社会交换行为只是人类行为的其中一部分[30]。因此，他认为个人行为转变为交换行为必须要具备两个条件：一个条件是该行为的最终目标只有通过与其他人进行互动才能达到；另一个条件是该行为必须要采取有助于实现最终目标的手段。Blau 把社会交换界定为"当别人作出报答性反应就发生、当别人不再作出报答性反应就停止的行动"[30]。Blau 认为，社会交换是诸多关系的基础，如个体与群体之间的关系，权力与伙伴之间的关系，对抗力量之间的冲突关系及合作关系，社区成员之间的间接关系，亲密依恋的关系等。他认为，个体与个体之所以会开展相互交往的活动，是因为他们能够从这种相互交往的活动中，通过交换活动达到满足自己需求的目的。同时，Blau 把社会交换分为三种类型：内在性报酬社会交换、外在性报酬社会交换和混合性报酬社会交换。内在性报酬社会交换指个体把社会交往过程的本身作为目的，在这种社会交往关系中取得乐趣、爱和社会赞赏等。外在性报酬社会交换指个体把交往过程当作实现自己更远目标的手段，主要想在交往关系之外获得金钱、商品等。而混合性报酬社会交换指既有内在性报酬的社会交换，也有外在性报酬的社会交换。Blau 的社会交换理论虽然是以 G.Homans 的社会交换理论为基础的，但两者有很大区别。G.Homans 倾向于"个人主义方法论"，就是以个人的心理解释进而推导所有群体的行为。而Blau 倾向于"集体主义方法论"，也就是社会复杂的结构不能还原成个人的心理解释。

Emerson 的交换理论是从个体之间的交换延伸到社会结构的交换，Emerson 早期关注的是个体与环境之间的交换，1972 年以后逐步探索社会交换关系。他认为，社会交换理论的研究对象应该是交换过程中形成的人与人（也可以是团体、社会，甚至于国家）之间关系，而不是交换者本身。Emerson 认为，如果交换的关系存在，就意味着交换者愿意交换有价值的资源，其理论价值不在于如何理解交换关系是如何产生的，而在于交换关系发生后会发生什么。因此，交换者之间的交换关系及其网络是 Emerson 交换理论的重点。

社会交换和经济交换不同之处在于：在经济交换活动中，投资收益通常是具体的、明晰的。比如要体现在书面合同中。而在社会交换活动中，投资收益通常没有明确指定，并且是自愿进行的[31]。学者将社会交换定义为一种选择行为，尽管不涉及正式的谈判或书面合同，但双方会自觉对当前或潜在的社会交换进行成本－收益分析[32]。互惠原则或对他人的付出进行回报，是社会交换理论中最著名的交换规则之一[33]。

本书所探讨的员工帮助计划、心理契约、关系嵌入等变量和员工创新行为之间的关系，是以社会交换理论为基础的。心理契约认为，组织和员工之间是基于一种非纸质的互惠互利的合作关系，组织和员工在这段关系中都要从对方履职中获得利益，也都要为对方承担责任。这与社会交换理论认为人和人之间的关系是一种互惠互利的互动关系比较吻合。社会交换理论的其中一个主张是人们在特定关系内，基于个人满意度选择社会互动。如果得到的大于给予，人们通常有很高的幸福感。另外，如果人们感觉自己给予的大于得到，会认为这种关系不能满足自己的需要。学者推测，无论是否知道，几乎所有人在权衡从特定关系中得到什么时都会做这些计算。实施员工帮助计划的目的是让员工通过与该计划服务内容的交换与互动，体验到更多收益，从而提升自身对组织的满意度和归属感。因此，社会交换理论可构成本书的理论基础，并对本书的论证、假设提出、问卷设计和措施建议提供理论依据。

## 二、人本管理理论

人本管理理论于 20 世纪 50 年代被提出，80 年代得以确立，是管理理念从物本管理向"以人为中心"发展的一个新阶段。人本管理是主张通过关注完善的管理制度、舒适的工作环境、员工的精神面貌等问题而进行以人为本的管理行为和方法。

人本管理思想的回溯。管仲在回答齐桓公成就霸业之道的问题时指出："夫霸王之所始也，以人为本。本治则国固，本乱则国危。"这是我国古代"以人为本"最早的提法。孔子提出"仁民"，对民本思想进行了发展，强调要爱百姓。孟子进一步提出"民为贵，社稷次之"。从我国传统文化可以看出，"天人合一"是民本思想的哲学基础。而西方的人本主义可以溯源到古希腊和古罗马时期。古希腊哲学家普罗塔哥拉认为，客观世界的知识可以因为人的不同而变得不同。说明在这一时期已经意识到了人的重要性。文艺复兴时期，人本主义主要关注人以及人所处的社会和自然环境。到了 20 世纪二三十年代，梅奥进行了著名的"霍桑实验"，并产生了"社会人"假设。实验结果表明：组织中的人际关系对工人行为有很大影响，提高工人的满意度可以提升劳动生产率。员工是"社会人"，除追求金钱等物质收入外，还追求心理方面的需要，两者缺一不可。自此，以人本主义心理学代表人物马斯洛提出"需求层次理论"为标志，西方管理理论从关注组织中的"工作"转向关注组织中"人的行为"。组织中的管理理论认为，将员工的情感需求和自尊需求纳入到组织管理是必然选择。

人本管理理论给组织的管理带来一些新的启示：一是组织应该重视员工

的心理状态，应该尽量满足员工的精神需求。人本心理学认为，有了内在体验的支持才能产生相应的行为，缺乏内在体验的行为不会持续太久。所以，组织应该创造条件，营造氛围，满足员工高层次的需求。归属感、被人尊重、自我实现等需要都是人的高层次需要，是无法用物质条件满足的。而当员工较高层次的个人需求被满足时，员工就会达到比较高水平的心理体验，这种体验会支持其外在行为的改变或提高。二是组织应该把员工作为组织最重要的资源，以组织、员工及利益相关者需求最大满足与调和为切入点，促进员工多方面的价值实现。人本心理学认为，人的生活具有多面性，除了工作价值、道德价值外，还有生活、亲情等，组织不应该只关心与组织利益直接相关的员工价值，而应该接受、关心员工多方面多层次的价值。只有着眼于人的价值观倾向变化与行为方式的状态、变化的相关性，使其充分发挥对员工内化、整合、感召、凝聚、规范、激励等作用，才能达到组织和个人共同发展的最终目的。

综上所述，人本管理理论和员工帮助计划的核心目标高度一致，人本管理是员工帮助计划实施的目标、追求和体现，员工帮助计划是实现人本管理新的载体和践行。员工帮助计划所涉及的服务内容，包括员工心理健康、人际关系调适、家庭和谐、健康生活方式等方面，是人本管理应该包含和覆盖的。

## 三、S-O-R 模型

1913 年，新行为主义心理学派的 John Watson 在《一个行为主义者所认为的心理学》论文中第一次提出了 "Stimulus-Response"（刺激 – 反应，以下简称 "S-R"）模型。John Watson 认为，个体的心理状况是无法被观察和测量的，因此，心理学更应该使用客观的研究方法去关注显而易见的行为，行为主义理论可以探索被观察和测量的显性行为。基于此，John Watson 将人的复杂行为总结为 "S-R" 模型，如图 2-1 所示。

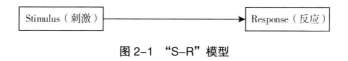

图 2-1　"S-R" 模型

20 世纪 30 年代以后，许多行为主义学者纷纷认识到 "S-R" 研究范式忽略了个体的内在因素，把复杂的心理现象过度简化了。学者们发现，在实际生活中，不同的个体在面对相同的环境刺激时，会产生不同的行为反应，因此，刺激和反应之间并不是简单的直接关系。Tolman 通过研究小白鼠的学习过程发现，个体行为受很多因素的影响。他认为，当个体差异与外部刺激相结合之后形成的中介变量，会直接影响个体行为。由此，就产生了"Stimulus–Organism–Response"（刺激 – 机体 – 反应，以下简称"S–O–R"）模型，如图 2-2 所示。

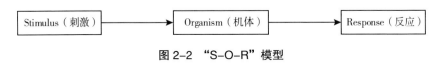

图 2-2    "S–O–R"模型

1974 年，环境心理学家 Mehrabian 和 Russell 在研究环境和个体行为的过程中进一步完善了"S–O–R"模型。Mehrabian 和 Russell 认为，外在的环境氛围可以影响个体的内在状态，最终会促进个体产生趋近或者是规避的行为[34]。模型中的刺激指环境中能够激发和促进人的行为的那些因素；模型中的机体指处于外界刺激和最终反应之间的个体内部处理过程。在这个环节中，机体将外部的刺激因素转化为促进后续行为的有效信息。模型中的反应是经过刺激之后产生的趋近或者规避的行为结果。这种行为结果既包括心理反应也包括行为反应。总之，"S–O–R"研究范式认为，学者在研究个体行为的时候不仅要重视来自外部环境的刺激，更要关注个体内在机体的中介作用，外部环境的刺激会影响个体内在机体的心理状态，最终使得员工个体产生不同的行为反应[35]。

自从"S–O–R"研究范式被提出后，得到了学术界的广泛认可，"S–O–R"研究范式也先后被引入组织行为学、教育学、市场营销等领域，并且获得了比较好的解释效果。比如，在我国，有学者在研究组织知识领导与员工知识行为之间的关系时引入了"S–O–R"模型，并证明知识领导能够通过行为环境影响员工与组织价值观趋于一致性，进而影响员工的组织知识管理行为活动[36]。在本书中，员工帮助计划可看作组织实施的外部刺激，其服务内容通过一定的强度，一定的持续时间和一定的时间变化率不断施加给员工，员工在此作用下，其个体内心状态发生变化，从而产生或强化员工创新行为。本书将以"S–O–R"模型为依据，分析员工帮助计划影响员工创新行为的内在机理和中介作用。

# 第二节　员工帮助计划研究综述

## 一、员工帮助计划的起源

员工帮助计划，英文名为 Employee Assistance Program（EAP），在被翻译成中文时，有员工帮助计划、员工援助计划、员工协助方案等多种翻译，本书采用"员工帮助计划"这一翻译。

员工帮助计划起源于解决工人们的过度饮酒行为。1935 年，为了帮助那些过度酗酒的员工，美国俄亥俄州成立了酗酒者匿名团体（Alcoholics Anonymous，AA）。二战之前，该项目不再仅仅局限于关注酗酒者的健康问题，而是开始关注酗酒对工作绩效造成的不良影响。而且对这些问题的关注已经从企业外部的医生转为企业内部的管理人员，这是因为管理人员更关心如何使工人们创造更好的绩效。20 世纪 40 年代，开展有效干预工作场所的酗酒问题逐渐引起各行各业管理者和医疗工作者的重视，AA 小组得到了迅速发展。一些管理人员将类似的酗酒者恢复工作逐步引入到组织内部，推广开展了"职业戒酒方案"（Occupational Alcoholic Program，OAP）。这一时期的 OAP 有一个共同的特点，就是得不到高层管理者的支持。20 世纪 50 年代以后，出现了很多公开而持久的职业戒酒方案，推动了 OAP 的开展。1950 年，耶鲁中心建立了一个工业酗酒研究咨询中心。1962 年，坎波集团启动了酗酒员工再就业计划，并将计划的涉及面扩大到员工家属，以及那些有其他生活问题的员工。此次计划将婚姻家庭问题、个人情绪问题、法律问题和其他与酗酒相关的问题都列入了服务内容。1970 年，修斯法案通过，联邦政府成立了联邦酒瘾研究所，要求每个州政府都设立专门方案，负责推动戒酒方案在企业的推广，这使得员工帮助计划的覆盖范围迅速扩大。

1971 年，"员工帮助专业机构"在美国洛杉矶成立，它是第一个国际员工帮助计划专业组织，也是国际 EAP 协会的前身。20 世纪 80 年代，约有 30 万家美国企业推行员工帮助计划，这一时期的员工帮助计划主要致力于解决员工的压力问题、人际管理问题，努力改善员工的生活形态和生活质量，旨在帮助员工改变那些可能引发并导致未来时期出现健康问题的行为。由此可以看出，员工帮助计划项目具有全面性、系统性和超前性等特点。全面性指员工帮助计划的服务内容已覆盖工作与家庭、员工与员工、组织内外的方方面面，只要员工在工作之外需要解决的问题，都可纳入员工帮助计划；系统性使员工帮助计划已经从法律、专门机构、规章制度等方面构建了较完整的体系；超前性指员工帮助计划服务内容的选择不仅应服从于现实的组织需要，还应从社会发展的未来需要而提前考虑，提前布局，提前着手计划和安排，采取相应的预防性或准备性措施，形成人性的某些弱点与超前管理特点的共振。截至目前，财富500强企业中90%以上的企业建立了员工帮助计划项目。

外资企业进入中国后，员工帮助计划也被带到了中国。部分外资企业开始在公司内部设立专门的人员或机构，提供心理咨询相关的服务。2001年3月，北京师范大学心理学院在联想集团有限公司客户服务部开展了国内企业的第一个完整的员工帮助计划项目，是第一个由国内心理学专家主持的员工帮助计划项目，这一项目完全打破了国外的固定套路，创立了适合于中国企业的独特帮助模式。2014年3月，国际EAP协会中国分会第一届全国会员代表大会在北京中国科学院心理研究所顺利召开，选举了10家理事单位。虽然员工帮助计划在我国发展迅速，但总体上仍处于初始阶段，还需要更多专家和专门人员的努力开拓。

## 二、员工帮助计划的概念

关于员工帮助计划的概念，国内外学者并没有达成统一的界定标准。因此，专家学者们都是根据各自的理解从不同视角进行了阐释。归纳起来，主要从三个视角出发：

第一个视角是心理学视角。从心理学视角出发，员工帮助计划是为那些有心理问题或者心理疾病的员工或员工家属提供心理方面的问题评估、咨询、辅导、治疗的服务[26]。张西超从心理学视角对员工帮助计划的概念进行了阐述。他认为员工帮助计划是组织为员工提供的一种全面的、长期的精神服务项目。组织聘请专业人员对组织进行诊断，并为员工和员工家属提供培训及专业咨询服务，最终达到改善组织环境和氛围，提高员工的心理资本，促进员工工作绩效和幸福感提升的目的[2]。

第二个视角是人力资源管理视角。国际员工帮助计划协会（Employee Assistance Programs Association，EAPA）于2006年6月对员工帮助计划的定义进行了审核。EAPA认为，员工帮助计划是组织可以利用的管理资源，它通过项目中的核心技术，能够识别、解决或者预防员工的个人问题和组织管理问题，以达到增强员工和组织生产效率的目的。张宏如认为，员工帮助计划是组织通过积极使用宣传、辅导、干预、评价等科学的管理方法，帮助员工澄清自己的职业价值观，做好职业生涯规划，不断提升员工的心理资本，营造良好的组织文化，帮助员工解决心理、健康、成长等方面的问题，最终达到提升员工工作绩效和生活满意度的人力资源管理项目[3]。

第三个视角是综合视角。王雁飞认为，员工帮助计划是组织为员工提供的一种长期的、系统的福利与支持项目。这种项目通过专业人员对组织进行诊断，为员工提供评估、培训、专业辅导与咨询服务，帮助员工及其家属解决各种心理问题和行为问题，最后达到提高员工的工作绩效、提高员工身心健康水平，改善组织氛围，提升组织绩效的目的[37]。孙雪梅认为，员工帮助计划是企业为员工提供的精神福利，一般分为长期与短期，企业通过为员工提供专业的辅导、培训和咨询来解决员工的心理和行为问题，从而使员工的心理状态、人际关系和工作效率得到改善，最终帮助企业提高生产效率，促进企业健康良性发展[38]。

## 三、员工帮助计划的前因变量研究

关于员工帮助计划的前因变量，学者们主要从人口统计学特征、使用意愿等方面着手。有研究表示，员工帮助计划的流行与工作场所的因素有关，员工帮助计划很有可能在比较大的工作场所中产生，但与地理位置没有太大关系。比如受教育程度越高的员工更有可能使用员工帮助计划[39]。Robert通过对比分析在职员工（肯尼亚样本）和失业员工（国际样本）发现，在职员工比失业员工在心理－情感问题上寻求员工帮助计划帮助的意愿更大。而在身体健康问题上，失业员工比在职人员表现出更高的寻求帮助意愿。同时，女性比男性更愿意寻求员工帮助计划的帮助[40]。

除了人口统计学特征对员工帮助计划的影响外，也有学者从员工帮助计划项目特征入手，研究其对员工帮助计划的影响。我国学者刘亚林将经济学的研究方法引入到员工帮助计划的研究当中，探讨了员工帮助计划的成本、效用；建立员工帮助计划效用的多元线性回归方程，研究表明，员工入职时接受培训的力度对员工帮助计划的效用影响最大，而对员工帮助计划效用影响最小的是心理咨询师的倾听能力[41]。孙雪梅认为，一个有效的员工帮助计划应该是各方面人员共同努力的结果，因此，她从参与员工帮助计划项目的相关人员视角入手，将员工帮助计划划分为外部提供者、内部合作者、管理支持者和员工使用者4个维度，并通过研究证明，4个方面的人员对关系型心理契约和知识型员工的组织支持感均有正向影响。管理支持者和员工使用者正向影响交易型心理契约[38]。

## 四、员工帮助计划的结果变量研究

在国外的实证研究中，有关员工帮助计划的结果变量的研究十分丰富。从员工帮助计划对组织成本效用的影响，到对工作绩效、组织承诺、员工满意度、离职率的影响均有相关研究。根据美国劳工部的统计，在解决员工精神健康相关问题时，雇主每在员工帮助计划上花费1美元，就可以节约14美元的相关成本。除能够减少员工精神问题方面的成本，员工帮助计划还可以节约重大疾病的治疗以及住院费用[42]。除可以看得见的物质回报外，员工帮助计划还能够促进员工与组织之间沟通渠道的多样化，这样会让员工感到自己话语权的增加，能大大提高员工的工作积极性和归属感[5]。Degroot和Kiker认为，组织使用的员工帮助计划对旷工率、离职率、员工绩效、员工的组织承诺、员工工作满意度等均有影响。其中，员工帮助计划正向影响工作绩效，但这个过程与员工自身有一定关系，积极主动参与员工帮助计划服务项目的员工，对业绩的促进作用明显，反之作用不大；员工帮助计划显著影响组织承诺，得到项目服务的员工的组织承诺感会明显提升；员工帮助计划与旷工率和离职率均呈负相关[4]。一项历时9年，采集了28个国家30多个员工帮助计划供应商的24000个案例数据分析显示，员工帮助计划的使用可以改善员工的工作表现、工作压力、旷工情况、工作投入和总体生活满意度[43]。除可以量化的员工行为变化，员工帮助计划对员工的心理健康也有显著的促进作用。Marc Milot通过6个月的跟踪调查发现，与非员工帮助计划使用者相比，使用员工帮助计划的用户心理困扰显著减轻，工作压力明显降低，工作投入明显增加[44]。而面对囚徒惩戒工作的惩教人员，他们的工作内容和工作环境都给自己的身心健康及家庭生活带来了很大的负面影响，员工帮助计划项目可以让他们找到工作的意义和成就感[45]。

由于员工帮助计划进入我国的时间还不是很长，加上东西方文化差异和该项工作本身保密性的特点，我国的实证研究还比较少。但现有的研究中，得到了和国外比较一致的结论。如员工帮助计划可以降低员工的离职意向，减少员工的职业倦怠和枯竭，可以改善员工情绪耗竭和玩世不恭等问题[46]。孙雪梅通过调查发现，员工帮助计划显著正向影响知识型员工的心理契约，并且在这个影响过程中，组织支持感发挥了中介作用，而变革型领导发挥了调节作用[38]。

### 五、员工帮助计划研究述评

从以上分析可以看出，国外关于员工帮助计划的研究比较丰富，无论是员工帮助计划的前因变量，还是结果变量，都有很多学者开展了相应的研究，一些研究还很深入。反观我国的研究现状，大多数研究都是关于各类员工的需求调查，有部分学者开展了其成本、效用、对心理契约的影响等研究，这些研究的广度和深度远远不够。不论从影响员工帮助计划实施效果的因素，还是从员工帮助计划对员工个人、组织以及环境的影响，都还需要学者不断拓展。

# 第三节　员工创新行为研究综述

## 一、创新的起源

创新，也就是创造新的事物。这个词在我国古代就有，最早可以追溯到《周易》和《庄子》。《周易·杂卦》中提到："革，去故也，鼎，取新也。"多指旧时改朝换代。《庄子·刻意》中提到："吹呴呼吸，吐故纳新。"意思是说，吐出浊气，吸进新鲜空气。《左传·昭公十七年》中也有相关记载："彗，所以除旧布新也。"这些都是以新的代替旧的意思。说明在人类社会进化过程中，处处充满了创新。而在西方文化中，英语 Innovation 一词来源于拉丁语。它包含了三层意思：一层意思是更新，就是去除原来旧有的东西，换成新有的；一层意思是创造新的事物，是原来没有，现在产生了新的事物；一层意思是改变，将原来旧有的东西进行改造。

1912 年，"创新"一词被引入经济之中，开启了各个学科对创新的研究。熊彼特在《经济发展理论》一书中首次提出"创新理论"。他从经济产出角度定义了创新，认为所谓的创新是要建立一种新的生产函数，即生产要素的重新组合。他把创新分为五种形式，即开发新产品、引进新技术、开辟新市场、发掘新的原材料来源、实现新的组织形式和管理模式[47]。在熊彼特之后，德鲁克提出了创新是组织的一项基本职能，是管理人员的一项重要职责。而在德鲁克之前，大家一般都认为"管理"是将目前已经有的业务梳理得井井有条，在这个过程中不断改进产品的质量，工作的流程，并且尽量降低生产成本，提高工作效率等。而德鲁克把"创新"引入管理，明确提出了"创新"是组织中每一位管理者的日常工作和基本责任。

## 二、员工创新行为的概念

员工创新行为概念的相关研究比较丰富，学者们分别给出了不同的定义。Hurt 等将员工创新行为定义为员工想通过创新对个体进行改变的意图[48]。Scott 和 Bruce 认为，员工创新行为开始于员工对问题有了新的认识和定义，然后想办法为了自己的创意或构想去寻求援助和支持，并将自己的创新想法付诸实践，建立创新原型或模型，最后促成商品化生产或服务等复杂过程[8]。Kleysen 和 Street 认为，创新是由寻找机会、产生想法、评估想法、寻求支持、进行应用等一系列非连续活动组成的多个阶段。在这个过程中，不同阶段会涉及不同的创新活动和行为，个体可根据自己的主观意愿和能力随时参与其中[49]。其他学者也认为，创新行为是由三种不同行为形式组成的过程，这个过程包括创意产生、创意推广和实现创意[9, 50]。由此可以看出，学者们都认为创新行为是一个过程，应该包括思想与行动两个层面，从创新思想的产生到最后为组织带来收益，是一系列行为的组合。

## 三、员工创新行为的前因变量研究

个体创新是组织创新的重要核心，是组织创新的重要载体，也是实现组织创新的重要来源。因此，深入研究员工创新行为的前因变量非常有必要。学者们对员工创新行为前因变量进行了非常丰富的研究，主要集中在个体特征、组织因素和人际互动关系三个方面。

### （一）个体特征

创新行为的早期研究主要是从员工个体层面进行分析，主要涉及性别、人格、自我效能感、情绪、员工注意力等诸多方面。

（1）性别。性别刻板印象指在某一社会文化中，人们对男性和女性的性别角色及其行为的固定看法，这一刻板印象在创新行为领域也存在，甄美荣通过实证研究发现，男性通常比女性更愿意表现出更多的创新行为。她认为这和中国传统的社会文化有关，男性要养家，因此要在工作中表现得更加努力，这需要他们不断挑战自我，所以会表现出更多的创新行为。而女性受传统文化的影响，将更多的精力放在关心家庭生活上，因此在工作中表现出较少的创新行为[51]。Proudfoot 等研究认为，一般来说，大家通常认为女性相比男性缺乏创造力，一般不会提出新颖的工作方法。但男性自己通常认为男性是创造力的代言人，在创新方面，男性比女性获得更多奖励[52]。Luksyte 等认为，大家通常认为男性更能预测创新行为。鉴于这种偏见的存在，从事创新性工作对男性员工更为有利。同时，相对于不创新的女性员工来讲，创新型女性员工未必会得到更好的绩效评估[53]。

（2）人格。人格决定了个体对环境独特的调节方式。很多学者研究发现，人格特质正向影响员工创新行为，人格被学者们认为是影响员工个人创新能力的重要因素之一，是创新行为的促进条件，大多数研究以大五人格理论为基础[50]。如宜人性、外向和经验开放度等因素对员工创新行为中的新想法的形成以及推广有显著的正向影响。也有学者以职业建构理论为基础，通过实证研究证明员工弹性、工作好奇心和关注机会等人格特质对员工创新行为有显著的正向影响[54]。

（3）自我效能感。自我效能感是人们对自己本身能否利用自己拥有的技能去完成某项工作的自信程度，它可以影响员工对行为的选择和努力程度。有学者指出，强烈的自我效能感是创造性生产力和发现新知识的必要条件[55]。这是因为创新本身是一种挑战，具有不确定性，因而失败的可能性很大。因此，那些具有高自我效能感的员工对于自己的创造性思维很自信，他会更加敢于尝试，更倾向于选择那些具有挑战性的任务，用更大的努力去战胜困难。也就是说，在组织中，当员工具有高水平的自我效能感后，他们更倾向于创新[56]。

（4）情绪。个体的情绪和情感对创新活动的影响也是学者们关注的重点。关于情绪对创新行为的影响，现有的研究有不同的结论。有研究表明，积极情绪有助于个体寻求新颖的有创造力的思想与行动，对员工在组织中的创新行为有积极的正向影响作用[57]。也有研究认为，消极情感有助于问题的识别，也有利于个体创新[58]。还有学者认为，极端的积极情感和消极情感易对个体形成情感控制，会削弱个体对工作的关注，阻碍创新活动的进行，因此极端的情感和创新之间存在一种倒"U"形关系[59]。

（5）员工注意力。创新行为是一种高风险、不确定的活动，可能会对认知造成负担[60]，这可能意味着需要组织提供资源和投资，而不仅仅是激励性的政策。注意力资源是其中之一，比如工作投入和正念。如果员工增加其在工作中的投入，则能够调动他们的主观能动性，促进他们在工作中产生创新行为。研究表明，正念在以不同类型的高要求为特征的困难情境中可以发挥重要作用，随着正念的增加，工作需求对创新行为的影响也会以积极的方式增加[61]。

（6）其他特质。除了上述个人特质，学者们还就职业道德[11]、员工自主性[62]、心理授权感知水平[13]、文化智力[63]影响员工创新行为问题进行了研究。

多项研究表明，个人特质与创新行为高度相关，个体特质和个体的内部能力具有较强的稳定性，外部干预对此产生的影响有限，而且需要较长时间。

## （二）组织因素

与个人特质相比，管理学研究更关注个体所处的组织环境因素对创新行为的影响。研究主要集中在组织氛围、领导者因素、工作因素等方面。

（1）组织氛围。组织氛围是同一组织中成员的共享认知，包括工作氛围、学习氛围、文化氛围等方面，也是在某种环境中，员工个体对某种事件、某些活动或者一些程序，或者员工对自己可能会获得的组织奖励或组织支持行为的认识。当组织内部的工作氛围能够为员工带来更多的动力和支持时，员工更容易表现出创新性，做出更多的创新行为。组织创新气氛是激发员工创新行为的重要组织环境因素之一，对创新行为有显著的正向预测作用[22]。组织学习氛围是员工对组织环境认知性的诠释，组织学习氛围是员工对于组织对其学习行为和产出期望的感知，员工为了保持与组织一致，会加强学习，进而提升自己的知识和技能，促进创新[8]。组织氛围除了对员工创新行为的正向影响，也有负向的影响，员工感知的文化差异越大，对其创新行为的消极影响越大[64]。同样地，差序氛围感知对创新行为有显著负向影响[65]。

（2）领导者因素。已有研究通过实证发现，领导支持和领导风格是影响员工创新行为的关键性要素。其中，关于领导风格的相关研究十分丰富。当员工能够感知到上级支持自己的创新行为时，员工就会受到鼓励，从而促使他们进一步实施工作中的创新行为；当员工感知到上级不支持他们的创新行为时，就会妨碍他们进一步实施创新行为。但是，不同的领导风格对员工创新行为的影响不同。其中，变革型领导和员工创新行为之间呈U形曲线关系[13]。创业型领导风格与员工的创造力自我效能感呈显著正相关关系，从而进一步影响员工创新行为。并且创业型领导风格对创新行为的影响程度大于变革型领导和事务型领导[14]。而权威式领导则不利于员工表现出创新行为[15]。除了传统的领导风格，相关研究还提出了一些新的领导风格，并讨论了新的领导风格对创新行为的影响。如平台型领导对于员工创新工作行为有显著的正向影响作用[66]。而分布式领导对不同类型员工的创新行为影响不同，其中对主动性员工的创新行为具有显著的正向影响，而对被动性员工的创新行为具有显著负向作用[67]。除了领导风格，领导行为也对员工创新行为有影响，积极领导行为可以促进员工创新行为，消极领导行为会抑制员工创新行为[68]。

（3）工作因素。Amabile 等认为，工作压力会对员工创新行为产生重要影响。由工作任务的巨大挑战而产生的工作压力有利于员工创新行为的产生[17]。因为有挑战才有动力，挑战性压力源对创新行为具有显著促进作用[69]。挑战性压力源还可以积极影响组织支持感，进而激发个体表现出积极的创新行为[70]。

**（三）人际互动关系**

研究表明，人际互动形成的社会关系对个体行为有着差异化影响[71]。有学者证实了领导 – 成员交换可以通过组织创新气氛的中介作用进一步正向影响员工创新行为[72]。也有学者讨论了"上司 – 下属"关系对员工创新行为的影响，结果显示，不同类型的"上司 – 下属"关系对员工创新行为的影响不同。但是，在"关系导向"的中国文化背景下，"上司 – 下属"关系对中国情境下的员工创新行为要比工作逻辑的"领导 – 成员交换"有更强的解释力度[23]。除了积极的人际关系，还有消极的人际关系，工作场所暴力就是消极互动关系的一种。研究显示，工作场所暴力（包括骚扰、围攻和破坏）对创新行为有负向影响[73]。

## 四、员工创新行为的结果变量研究

前因变量影响研究是目前员工创新行为研究较为集中的方向。在现有的员工创新行为结果变量研究中，以员工创新行为对创新绩效的影响研究居多。因为员工是组织内部力量的源泉，当员工将自己的想法付诸实践时，是有利于实现组织创新的。企业管理者的个人创新行为可以促进公司的探索创新和发展创新[74]，对企业绩效有显著的正向影响[75]。除了对创新绩效的影响外，员工创新行为还会影响到领导对员工的评价，因为创新行为是员工在深入理解自己职责内工作任务后，才会产生的一种主动性行为，因此，员工的创新行为会影响领导对员工的绩效评价[53]。也有学者认为，创新行为可以正向预测职业成功，即创新行为水平越高，职业成功感越强[76]。

### 五、员工创新行为的研究述评

从以上文献综述可以看出，学者们基于经济学、管理学、心理学等理论，从员工创新行为的产生及其对员工个体、组织和环境的作用机制，多角度研究了员工创新行为，取得了丰富的成果。

但还存在一些不足：

一是关于员工创新行为的维度，学者们都认为员工创新行为是一个复杂的过程，关于创新行为的测量维度，学者们虽然进行了从一个维度到七个维度不同的划分，但实证结果并不是非常理想，各维度之间的相关度较高，学术界使用较多的依然是单一维度的测量。因此，测量员工创新行为的量表，特别是中国文化背景下的测量量表，还需要进一步研究和论证。

二是关于影响员工创新行为的个体因素很多，外部因素也很多，两者交互作用影响员工创新行为的研究也很多，但如何促进个人因素和人际互动因素共同作用个体创新行为的研究还有很多理论和实践需要探索。

## 第四节　心理契约研究综述

### 一、心理契约的起源

20 世纪 60 年代初，心理契约的概念被引入到管理学领域。研究人员将心理契约概念引入管理学领域的目的是强调员工与组织之间的非正式关系，即在员工与组织之间，除了正式的雇佣合同外，还存在隐含的、非正式的、未进行公开说明的彼此对对方的期望和理解，这就构成了心理契约的内容。

契约的概念最先被组织心理学家 Argyris 引入心理学研究范畴。Argyris 在其著作《理解组织行为》中用"心理的工作契约"形容员工和主管之间的关系。这种关系主要表现为，当主管采取比较积极的管理方式时，员工会有积极乐观的表现。比如，主管让员工有更多的工作自主权，确保员工有足够的工资待遇，与员工有稳定的工作关系等，员工就会减少抱怨，同时有较高的生产效率。管理心理学家 E.H.Schein 正式提出了"心理契约"这一概念。E.H.Schein 认为，心理契约是"个人将有所奉献与组织欲望有所获取之间，以及组织将针对个人期望收获而提供的一种配合"。虽然心理契约不像有形契约那样明确、正式，但它同样发挥着有形契约的作用。因为组织了解每名员工的个体需求和发展意愿，并尽量满足员工。作为员工而言，也为组织的发展尽力贡献自己的力量，因为他们相信组织能够满足自己的需求和愿望。也就是说，心理契约可以描述成这样一种状态：虽然没有一纸契约明确记载组织的发展与员工的成长之间的约定，但组织和员工都能够找到各自的平衡点，双方会将这种无形的关系同一纸契约一样加以规范。即组织清楚每个员工的成长期望，并会尽力提供条件满足员工的期望；每一位员工也会尽力奉献自己以推动组织的发展，因为员工相信组织能够帮助自己实现期望。基于这种互信，员工和组织形成了"命运共同体"。

## 二、心理契约的概念

心理契约概念的提出，是基于社会交换理论和公平理论。心理契约的基本假设是：员工与组织之间是一种互惠互利的关系，在这种关系中，员工与组织都需要付出，也都需要回报。虽然这种关系不同于经济交换那样要有明确而具体的正式契约，但在双方的内心中，会以社会规范及价值观为基础，进行相应的衡量和比较。基于这种观点，学者们提出了心理契约的概念。本书将学者们关于心理契约的概念进行了整理，具体如表 2-1 所示。

表 2-1　心理契约的概念

| 学者 | 年份 | 心理契约的概念 |
| --- | --- | --- |
| Levinson | 1962 | 组织与员工之间隐含的、未公开说明的相互期望的总和 |
| Kotter | 1973 | 存在于个人与组织之间的一份内隐协议，协议中指明了在彼此关系中一方期望另一方付出的内容和得到的内容 |
| Rousseau | 1990 | 心理契约是个体对于自己和另一方在互惠交换协议中的内容和条件的理解。其中一个关键问题是这种理解是以做出的承诺为基础的 |
| 陈加洲等 | 2001 | 员工与组织双方在相互关系中，己方要为对方担负什么责任同时对方要为己方担负什么责任义务的主观约定，是雇佣双方或劳资双方关于双边关系中相互责任义务的主观信念 |
| 李原 | 2002 | 组织与员工的相互关系中，员工所感知到的彼此为对方提供的责任 |

注：笔者根据资料整理。

从以上学者给出的概念可以看出，学者们在对心理契约进行定义时主要分为两个流派。一个流派的学者认为，心理契约的主体有个体和组织两个方面，如 Levinson 等[77]，Kotter[78] 和国内的陈加洲等[79]；另一个流派的学者认为，组织是由很多个个体组成的，很难测量，因此把心理契约统称为个体对交换关系的主观理解，也就是将心理契约的界定立足于"个体"的层面，这一流派的学者主要有 Rousseau[80]，李原[81]。目前的研究中，既有采用两个主体的研究视角，也有采用个体单一主体的研究视角。但由于单一主体视角更容易操作，因此，在实证研究中，采用单一主体的研究更多。本书也使用单一主体作为研究视角。

### 三、心理契约的前因变量研究

关于心理契约的前因变量的研究主要有个人因素、组织因素和社会因素。

#### （一）个人因素

个人因素包括个体的性别、婚姻状况、受教育程度、在本组织的工作年限等人口统计特征，也包括人格特质、价值观等特征。其中，关于人口统计特征对心理契约的影响，大多数实证研究中都有验证。如性别、年龄、文化程度、部门对员工心理契约差异都有显著影响。新员工和老员工的心理契约也不同[80]；技术职称和换单位的次数也对心理契约有显著影响[82]。除人口统计特征外，也有学者发现，人力资源归因对员工心理契约有影响，幸福感型人力资源归因显著正向影响关系型心理契约，显著负向影响交易型心理契约。而绩效型人力资源归因显著负向影响关系型心理契约，显著正向影响交易型心理契约[83]。

#### （二）组织因素

组织因素包括组织文化、组织氛围等。Rousseau 等认为，组织的人力资源管理实践对员工心理契约的形成有重要影响[84]。Guest 认为，除人力资源管理政策和实践外，组织氛围和组织文化对员工的心理契约也有重要影响[85]。魏峰认为，正确的沟通和公正的对待对心理契约有正向影响。其中，程序公平与管理型心理契约和交易型心理契约正相关[86]。孙雪梅通过实证发现，员工帮助计划对知识型员工心理契约具有正向影响[38]。

#### （三）社会因素

Rousseau 认为，社会因素对心理契约的形成有很重要的影响[87]。因为心理契约理论是主观的，这样在文化方面的影响就可能有所不同[88]。Jayaweera

等认为，一个国家的通货膨胀率和失业率可以调节员工心理契约破裂和工作绩效、离职行为的关系[89]。

学者们对心理契约影响其他变量的研究十分丰富，但关于影响心理契约的前因变量的研究不是很多。如果只研究心理契约产生的后果，而不研究心理契约影响的原因及过程，那么，对于理解和掌握心理契约在实践中的动态作用是比较困难的[87]。

### 四、心理契约的结果变量研究

心理契约影响其他变量相关研究十分丰富，主要包括心理契约对员工离职倾向、员工的工作态度和绩效、员工的组织承诺以及员工的组织公民行为和创新绩效的影响研究等。

#### （一）在员工的态度方面

学者们研究发现，心理契约对员工满意度有显著影响，心理契约履行越好，员工满意度越高。反之，心理契约破裂对员工满意度呈负向影响[90]。员工越能感知到组织的责任，其离职倾向越低[91]。如果员工心理契约破裂，会影响情绪投入，产生倦怠[92]。

#### （二）在员工的行为方面

心理契约履行较好的员工在工作中更愿意发挥自己的主观能动性，做出对组织有益的行为[93]，比如建言行为，研究发现，关系型心理契约的员工比交易型心理契约的员工更容易产生组织公民行为，并影响员工对组织的建言行为[94]。同时，心理契约感知正向影响员工创新行为[95]。如果心理契约破裂，会造成员工的反生产行为[96]和非伦理行为的增加[97]。

#### （三）在绩效方面

王树乔等通过对高校科研团队成员的调查发现，关系型心理契约显著正向影响高校科研团队创新绩效，交易型心理契约显著负向影响科研团队创新绩效[98]。伍紫君等通过实证发现，团队成员型心理契约和关系型心理契约显著影响员工知识共享意愿，也显著影响员工创新绩效[99]。

### 五、心理契约研究述评

目前，学者们从心理契约的概念、内容、测量到其对个体和组织的影响等方面开展了比较丰富的研究。早期，学者们的研究主要集中在心理契约的内容和结构上。随着研究的逐渐深入，实证研究越来越多，并且学者们开始关注不同群体心理契约对其行为的影响。

存在的不足：

一是关于心理契约的概念、内容、结构维度还没有一致的结论。这一研究现状有些是正常的，如不同主体之间的心理契约的内容和结构存在差异属正常现象；而科学定义一个领域的基本概念是构造该领域完整理论体系的基础，心理契约的概念界定需要通过深化研究取得共识。

二是研究对象还应进一步扩大，心理契约的研究对象已从员工和组织层面逐步延伸到知识型员工、教师、学生等群体层面，但研究对象还可以继续扩大，每一类特定群体的心理契约都可能会因个人特质和组织环境而有所不同。

三是现有文献主要集中在研究心理契约的前因和后果，影响人力资源管理和心理契约的情境因素很少受到关注[100]。

四是随着经济发展和新技术的应用，员工对心理契约有了新的感悟，如何在新的情境下研究心理契约是一项新的挑战。

以上这些研究对丰富心理契约理论和解决现实中的管理问题，都有着十分重要的意义。

# 第五节  关系嵌入研究综述

## 一、嵌入性的起源

"嵌入性"概念是由 Polanyi 基于经济社会学于 1944 年首次提出的。这里的嵌入指市场的实体嵌入，他认为在工业革命之前，市场交换机制没有占据统治地位，经济体制是"非嵌入性"的。由于 Polanyi 认为的市场经济的"非嵌入性"具有一定的片面性，他所提出的嵌入性思想也没有引起当时学者们的注意。1985 年，Granovetter 发表了题为《经济行为和社会结构：嵌入性问题》的论文。在论文中，他重新阐述了嵌入性的概念，把嵌入性定义为经济行为在特定社会结构中的持续情境化[101]。此后，学者们开始了对网络嵌入性的深入研究，将嵌入性研究推向了一个新的阶段。

关于网络嵌入性构念的内涵学者们至今也没有形成统一的共识，不同的学者从不同角度进行了不同的分类。比较经典的分类是 Granovetter 将网络嵌入性区分为关系嵌入和结构嵌入，这个分类是后来学者沿用最多的框架。一般而言，关系嵌入强调与合作伙伴关系的质量或紧密程度，主要包括关系强度、关系质量、关系内容等内容[102, 103]。结构嵌入则注重组织在其网络结构中的位置，主要包括网络的规模、密度、中心性和中介度等内容[102, 104]。本书也将沿用关系嵌入和结构嵌入的概念。

## 二、关系嵌入的概念

关系嵌入指网络中成员之间的关系对成员的影响。在关系嵌入中，成员间注重彼此的互动，他们通过与其他成员的联结，以便分享更多的信息和知识。Uzzi 认为，关系嵌入主要强调成员之间的信任关系，比如双方在交易过程中是否注意对方的利益以及信息共享等内容[103]。Gulati 和 Gargiulo 认为，关系嵌入是成员间持续性合作所产生的联结效用，成员之间互相学习对方并了解对方是否可以信赖[105]。Simsek 等认为，关系嵌入是组织在考虑自身发展和需求的时候，同时考虑对方的发展和需求，并表现出来的信任、规范等行为[106]。

从以上学者对关系嵌入概念的界定可以看出，虽然没有形成一致的概念，但其主要核心是组织与其社会关系中其他成员之间的非正式网络。在这种非正式网络中，组织与其他成员通过信任、信息共享等获取共同成长进步。

## 三、关系嵌入的前因变量研究

关系嵌入的研究主要集中在关系嵌入对因变量的影响方面，例如关系嵌入对组织绩效、创新绩效的影响等方面。在前因变量中，个人的自我效能感对嵌入指数有正向影响[107]。除个人因素外，外在因素也对关系嵌入有显著影响。姜鑫和杨皎平通过对猪八戒网、一品威客网和任务中国等众包社区成员调查发现，社区互动显著正向影响众包社区的关系嵌入强度[108]。除了参与，信息提供也会促进顾客和企业在共同开发新产品时的嵌入程度[109]。这源于在开发新产品时，顾客和企业之间为了产品的开发会共享信息、共同讨论遇到的问题，这些都会影响双方之间的嵌入。

## 四、关系嵌入的结果变量研究

关系嵌入的结果变量研究主要集中在组织绩效、组织创新和个人行为三个方面。

（1）组织绩效。关系嵌入可以促进团队成员交流创新所需要的隐藏信息，促进成员把握更多创新资源的获取机会，促进个体和团队绩效的提升。王炯通过实证研究发现，我国本地企业可以通过关系嵌入从国际旗舰企业获取知识和信息，促进本地企业提升绩效[110]。但在强联结更容易促进组织绩效还是弱联结更容易促进组织绩效方面，学者们的研究有了很大分歧。有学者研究发现，弱联结有利于组织绩效。Granovetter 最先提出"弱联结充当信息桥"，他认为弱联结在成员之间进行资源传递时的作用，要比强联结作用更大，更有力度[101]。也有学者提出了不同的观点，即组织之间联结关系越紧密，他们之间的信任程度越高，信息交换越频繁，越有利于竞争，促进组织绩效[104]。还有部分学者认为，关系嵌入与组织绩效的关系是倒 U 形的非线性关系。Uzzi 认为，"嵌入不足"和"过度嵌入"都会导致绩效下降，只有中间状态才会促进绩效的提升[103]，这也就形成了"关系嵌入性悖论"。

（2）组织创新。嵌入作为影响企业突破性创新能力的核心关键因素而受到越来越多学者的关注[111]。关系嵌入会减少成员双方的机会主义行为，这样可以降低组织对合作风险的感知和实际的风险程度，从而提高网络成员建立长期合作创新关系的意愿和可能性[112]。组织的内部关系嵌入和外部关系嵌入均对企业的商业模式创新具有重要的推动作用[113]。此外，关系嵌入可以为企业构建高质量的信息交流平台，促进企业技术创新能力的提升[114]。与组织绩效研究相同的是，有学者认为关系嵌入对组织创新的影响是非线性的。张慧等对国内 408 家中小企业进行调查后发现，关系嵌入与创新绩效之间呈倒 U 形关系[115]。除了对创新绩效呈倒 U 形影响，关系嵌入对组织探索式创新能力[116]和组织突破性创新能力也呈倒 U 形影响[117]。

（3）个人行为。有学者认为，关系嵌入能够创造更加开放、信任、互动性更强的平台，促进组织内成员更加团结、更加信任，也有更多的互惠服务，会期望制裁自私自利的行为[101]。李志远等通过对 2013 家企业的调查研究发现，客户知识网络的关系嵌入对客户的忠诚度有显著影响[118]。关系嵌入可以通过影响消费者的品牌信任进而影响消费者的网络团购意愿[119]。

## 五、关系嵌入研究述评

通过综述关系嵌入的起源、概念、前因变量、结果变量等方面的研究可以看出，学者们在嵌入性理论方面的研究比较丰富，也逐步关注到关系嵌入对组织绩效和个人行为的影响。

但还存在以下不足：

一是由于嵌入性的本质在于组织经济行为与社会体系之间的相互引导、促进和限制的复杂联系，导致关系嵌入的概念比较抽象，众多研究所定义的概念不一致，容易造成误解。

二是目前关于关系嵌入的研究大多数都还停留在组织层面，主要将组织作为研究对象，探究网络中组织成员关系嵌入对组织绩效、创新等的影响，把关系嵌入研究放在个体层次上的还比较少。

三是关于关系嵌入对组织影响的实证还比较少，研究范围还比较窄，尤其是没有将关系嵌入与企业实际运作（战略管理、经营管理等）结合起来。鉴于关系嵌入是组织社会资本的来源之一，也是组织的一种战略资源，与组织发展紧密相关，今后的研究还应进一步拓宽。

四是目前大多数学者是将关系嵌入作为自变量进行研究，主要讨论关系嵌入对其他变量的影响，或者将关系嵌入作为中介变量和调节变量，讨论其在自变量对组织绩效影响关系中的中介作用或调节作用。但关系嵌入是如何形成的，组织应该如何加强自身与其他成员之间的嵌入程度的研究还比较少。

# 本章小结

本章是本书的理论基础。

首先，对研究中使用的主要基础理论进行了简单介绍，包括社会交换理论、人本管理理论、"S-O-R"模型，主要对基础理论的产生、发展过程、主要内容等进行梳理，这些理论为本研究提供了理论基础和研究范式。

其次，对本研究涉及的员工帮助计划、心理契约、关系嵌入、员工创新行为等变量的现有研究进行梳理和归纳，主要对各变量的起源、概念、前因变量研究、结果变量研究进行回顾总结，并对相关研究文献进行述评。

# 第三章 员工帮助计划对员工创新行为影响机制模型构建和假设提出

在第二章中，本书梳理了员工帮助计划、心理契约、关系嵌入、员工创新行为的起源、概念、前因变量、结果变量的已有研究，并对研究成果进行了评述，为探索员工帮助计划对员工创新行为的影响机制奠定了重要基础。从文献梳理中得知，目前国内员工帮助计划的实证研究还不够丰富，员工帮助计划对员工创新行为是否有影响还未知。如果有影响，影响过程也还是一个"黑箱"。基于此，本章节通过扎根理论方法，先进行一项探索式研究，围绕"员工帮助计划的服务内容都有哪些？""员工帮助计划是否影响员工创新行为？"等问题进行探讨。扎根理论是在社会研究的过程中，针对某一研究问题，运用科学化、系统化的程序获取研究资料并进行分析，从而归纳式地引导出研究理论。也就是说，扎根理论是从资料和数据中发现理论的一种方法论[120]。扎根理论主要适用于探索当前还没有明确的概念，或者是用于通过观察特定情境下人们的认知或行为，用于构建新的理论。徐淑英等指出："学者们要通过归纳性的方法或扎根理论的构建，研究他们所在情境中的实际问题。"[121]根据这一特点，本书主要采用扎根理论方法探索和构建理论模型。

## 第一节 研究设计

### 一、研究方法介绍

#### （一）扎根理论简介

1964 年，Glaser 和 Strauss 在研究临终关怀机构时发展出了扎根理论，并在 1967 年出版的《扎根理论的发现：质化研究策略》著作中首次提出了扎根理论。扎根理论的提出解决了一般定性研究缺乏规范的方法论支持、整个研究过程难以进行追溯和检验、研究结论说服力不让人信服等问题。因此，扎根理论被认为是定性研究方法中科学的方法论，也被认为是比较适合用于进行理论建构的方法[122]，因此，扎根理论被广泛应用于教育学、管理学和社会学等领域的研究中。随着研究的不断深入，经过长期发展，扎根理论逐步形成了三个学派。

一是以 Glaser 等为代表的经典扎根理论学派[120]。这一学派遵从扎根理论最初的理念，认为研究人员所要研究的问题、要凝练的相关概念和范畴，都应该是在研究过程中自然涌现出来的。在研究过程中，研究人员应该按照不断比较的原则，严格遵循规范的数据处理流程而逐步建构理论，不能有任何先入为主的假定。这一学派提出的编码过程包括实质性编码和理论性编码两个主要步骤。

二是以 Strauss 等为代表的程序化扎根理论学派[123]。虽然这一学派也强调研究人员要忠于原始数据，但也认同可以借助提前设定等技巧，来探索原始研究资料中的规律。因此，这一学派认为可以根据现有知识建立新的理论。这一学派提出的编码过程不同于经典扎根理论学派，主要包括开放式编码、主轴性编码和选择性编码三个步骤。由于程序化扎根理论是三个学派中最早被引入我国的，因此在国内，程序化扎根理论是目前应用最为广泛的。

三是以 Charmaz 为代表的建构型扎根理论学派[124]。这一学派相对于前两大学派成形比较晚，它继承和发扬了前两大学派的思想，但又有所不同，这一学派的主要核心理念是由研究人员和被研究者共同建构数据。所以，这一学派主张的编码过程是比较灵活的，并没有固定的步骤。

本书选择使用程序化扎根理论方法对"员工帮助计划对员工创新行为的作用机制"这一问题进行扎根分析。

**（二）本研究采用扎根理论的缘由**

扎根理论主要适用于两种情境：

一是"纵向理论建构"，指按照时间顺序对已经发生的事件进行回顾，并且在回顾过程中展现相关事件的因果关系。如 Gersick 采用扎根理论方法探索了团队发展的生命周期问题，通过研究发现，项目团队的发展具有"阶段式平衡"的特点。也就是说，项目团队的工作效率并不是一成不变的，而是呈现出初期工作效率不高，但项目过半后会突然出现效率跃升并保持到项目结束的阶段式变化特点[125]。

二是"横向理论建构"，基于现象提出相关理论概念，并从实践中对尚未明晰的概念的内涵和外延进行挖掘。如 Uzzi 采用扎根理论方法构建了组织间的关系嵌入，发现关系嵌入主要包括信任、知识共享和共同解决问题[103]。

　　由此我们可以发现，"纵向理论建构"主要是按照时间顺序把收集到资料中的事件进行排序，并厘清事件之间的逻辑关系。而"横向理论构建"主要用于探索以往研究存在争议或者内在机制尚未明确的研究问题。

　　1. 研究问题适用

　　本书探讨的问题虽然有组织行为学等领域的研究基础，但目前国内关于员工帮助计划的实证研究数量还不够丰富，理论探索工作不够，如有研究证明员工帮助计划对心理契约有正向影响。但影响员工心理之后，对其行为是否有影响，国内暂时还没有相关研究。因此，还需要在员工行为、组织行为等领域继续探索。这需要对员工帮助计划影响员工创新行为的内在机制进行探索，利用质性研究方法探索员工帮助计划"是否"及"怎样"影响员工创新行为，补充和完善相关研究理论。

　　2. 研究目的适用

　　扎根理论的研究目的主要是"发现问题"，并"发展或者建构新理论"。本研究关注的员工帮助计划对员工创新行为的影响机制就是适用的研究领域之一。员工帮助计划引入我国后，已经得到了越来越多组织的重视。但由于文化不同，员工帮助计划在国内的服务内容和侧重点与国外有所不同。目前，国内针对员工帮助计划的实证研究还不够丰富，并且员工帮助计划对员工个体行为的影响过程和作用机制还有关键因素没有被识别。该理论体系还需要进一步明确和完善，所以，本书特别适合使用扎根理论。

　　**（三）程序化扎根理论方法的研究流程**

　　虽然程序化扎根理论方法认为研究人员在进行原始研究资料收集和数据分析的时候，要更加注重创造性和开放性。但程序化扎根理论方法依然有着严格的、规范的研究流程。主要包含以下四个研究阶段：

　　第一阶段，研究人员对相关文献进行讨论。这一阶段的工作主要是为了进一步明确所要研究的问题，确定最终的研究目标。

　　第二阶段，主要是采集定性研究所需要的研究资料。这一阶段主要是在确定调查样本的基础上，使用适当的抽样调查方法进行研究数据的采集。

　　第三阶段，对数据进行整理和分析。这一阶段主要是通过开放式编码、主轴性编码和选择性编码等编码步骤，将初始概念、主副范畴以及核心范畴逐渐从原始研究资料中凝练和提取出来，并厘清它们之间的逻辑关系，初步构建理论模型。

　　第四阶段，这一阶段主要是在前三个阶段工作的基础上，进一步凝练定性研究的成果，构建出最终理论模型。如果理论还没有达到饱和，则需要对资料进行补充，再次进行研究资料采集，重新进入研究流程，如此循环，直到理论饱和为止。具体如图 3-1 所示。

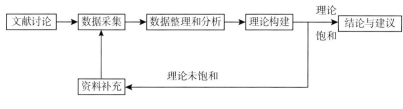

**图 3-1　程序化扎根理论研究流程**

　　程序化扎根理论方法的主要工作是通过三级编码对收集到非常繁杂的原始研究资料进行整理和分析。三级编码是程序化扎根理论方法的关键环节，也是扎根理论方法基本思想的体现。三级编码工作是按照研究流程分三个阶段对原始研究资料进行编码。

　　第一阶段是开放式编码。主要是对收集到的原始研究资料进行初加工。研究人员主要通过对原始研究资料中发现的概念、属性、范畴进行界定。这一阶段的主要工作是通过对原始研究资料进行反复编码，反复对比研究。从庞杂的原始研究资料中查找具有代表性的语句，进行贴标签。通过对标签进行反复抽取，凝练出初始概念。然后对凝练出的初始概念进行分析，将意思相近的初始概念进行归类，并进行命名，就形成了范畴。

　　第二阶段是主轴性编码。这个阶段的工作是在开放式编码的基础上进行的。研究人员对开放式编码得到的数据进行分析，不断探索提炼出来的各个范畴之间可能存在潜在结构关系。这一阶段的主要工作任务是从初始概念中提炼出主范畴和副范畴，讨论并厘清各范畴之间的潜在关系。这种潜在关系既可以是变量之间的逻辑关系，也可以是事件的先后时间关系。

　　第三阶段是选择性编码。这一阶段的工作主要是对第二阶段的编码内容进一步的精练，研究人员要从主范畴、副范畴中进一步挖掘出能够概括其他范畴的"核心范畴"。系统地研究核心范畴与其他范畴之间的关系，构建各范畴之间的典型关系结构，形成描述问题的"故事线"，进而发展出新的理论框架。

程序化扎根理论的三级编码的具体流程如图 3-2 所示。

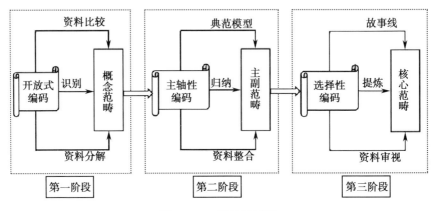

图 3-2　三级编码过程

## 二、研究思路

根据程序化扎根理论的流程和规范，本书主要分四个阶段开展工作。

第一阶段，根据员工帮助计划这个研究主题，在已经开展员工帮助计划服务的公司员工、管理人员及提供相关服务的咨询公司管理人员中，采用理论抽样的方法确定访谈对象。

第二阶段，拟定个人访谈所需的访谈提纲，并与访谈对象预约进行个人深度访谈，完成原始研究资料的收集工作。同时为确保原始研究资料的丰富和充分，本书还将员工帮助计划国际论坛主旨发言资料、员工帮助计划服务活动宣传海报、相关文献资料等二手资料作为原始研究资料进行分析。

第三阶段，对一手数据和二手数据组成的原始研究资料进行三级编码，凝练出初始概念和主副范畴，并探索各范畴之间的潜在关系，初步构建出本研究的理论模型。

第四阶段，进行模型的理论饱和度检验，利用预留的资料检验是否还有新的因子出现，模型是否达到饱和，确定本研究的最终理论模型。本章研究流程如图 3-3 所示。

由图 3-3 可以看出，这一部分工作主要包含了七个步骤：

第一步，确定研究问题。通过相关研究文献的回顾，将研究问题确定为员工帮助计划对员工创新行为的影响机制研究。

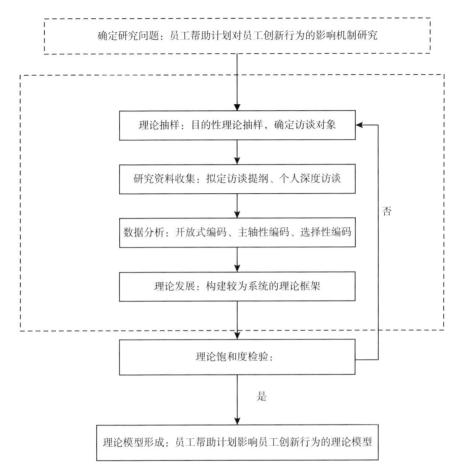

图 3-3 程序化扎根理论方法应用流程

第二步，理论抽样。也就是根据员工帮助计划对员工创新行为的影响机制这一问题，采取目的性理论抽样的方法，初步确定访谈对象。

第三步，研究资料收集。在进行访谈之前，拟定好访谈提纲并选择符合访谈条件的人员进行预访谈。在经过相关专家对预访谈结果进行分析后，对访谈提纲进行修改形成正式的访谈提纲。并对之前确定的访谈对象进行个人深度访谈，记录访谈内容作为一手数据。同时，收集员工帮助计划国际论坛主旨发言资料、员工帮助计划服务活动宣传海报、相关文献资料等作为二手数据，将一手数据和二手数据一起作为本研究的原始研究资料。

第四步，数据分析。按照程序化扎根理论方法的流程和规范，对收集到的原始研究资料进行三级编码，逐步提炼出初始概念和主副范畴，并对范畴进行整合。

第五步，理论发展。根据三级编码的结果，深入探索各个范畴之间的潜在关系，构建出本书的理论模型框架。

第六步，理论饱和度检验。运用预留的数据对初步构建的理论模型进行理论饱和度检验，检验是否有新的构成因子出现。如果理论不饱和，则需要重新收集数据，重新开始新一轮流程，直到理论饱和为止。

第七步，理论模型形成。经过前面六个步骤，最终构建了本书的理论模型框架——员工帮助计划对员工创新行为影响的理论模型框架。

## 第二节　研究资料的收集

考虑一手数据样本量和同源偏差问题，因此，本书采用一手数据和二手数据相结合的方法收集研究资料。二手数据可以对一手数据进行内容上的补充，数据资料的多种来源可以对原始研究资料进行三角验证，提高原始研究资料的可靠性。而且，质性研究的模型建构也需要与已有的研究不断互动，进而让模型构建得更加完善。本书的一手数据主要来源于个人深度访谈，二手数据主要来源于相关资料的官方网站，包括国际论坛发言资料、活动宣传图片和文献。二手数据均来自相关官网，均为公开的合法合规的资料，不涉及商业机密或个人隐私。

### 一、一手数据收集

#### （一）访谈对象选取

理论抽样是程序化扎根理论的抽样方式，是指研究人员为了构建某一理论而进行的有目的性的样本选取方式[126]。依照程序化扎根理论方法的要求，本书的理论性抽样采用目的性抽样法。目的性抽样法要求研究人员要选择合适的对象，选择的样本能够有目的性地描述对所研究问题的理解，可以进行深入讨论的、与研究目的密切相关的、能够深入反映研究问题的代表性人员。基于此，本部分的访谈对象选取主要遵循以下原则：

（1）访谈对象必须是了解或享受过员工帮助计划服务的员工或提供员工帮助计划服务的供应商、管理人员。

（2）访谈对象应对员工帮助计划有比较深的理解和认识。

（3）访谈对象性格应该开朗健谈、愿意表达、喜欢思考，因为这样的访谈对象在访谈过程中能提供更多的信息，有助于研究人员获取更多有价值的信息。

（4）访谈对象的人口统计学变量，如来源、职务、性别等因素的比例应该协调。各方面比例协调可以避免导向性或片面性观点。

基于以上 4 条原则，我们最终共选择了 11 个受访对象。受访者的统计资料如表 3–1 所示。

表 3–1　访谈对象基本情况

| 项目 | 属性 | 样本数 |
|---|---|---|
| 性别 | 男 | 6 |
|  | 女 | 5 |
| 职务 | 高管 | 3 |
|  | 中层管理 | 3 |
|  | 基层员工 | 5 |
| 企业性质 | 国有企业 | 6 |
|  | 民营企业 | 3 |
|  | 上市公司 | 2 |

## （二）访谈备忘录

为了让访谈进行得更顺利，更好地收集资料，本书提前准备好了访谈备忘录。访谈备忘录中的问题主要是围绕和服务于与员工帮助计划对员工创新行为影响有关的问题。访谈备忘录的问题设计是根据访谈技巧进行安排的，是循序渐进的。访谈提纲会根据每次访谈的实际情况进行逐步补充和完善，访谈备忘录如表 3–2 所示。

表 3–2　访谈备忘录

| 序号 | 访谈可能向被访谈者提出的问题 |
|---|---|
| 1 | 您所在组织提供员工帮助计划服务吗？ |
| 2 | 您了解的员工帮助计划服务都有哪些内容？ |
| 3 | 您自己有使用过员工帮助计划服务吗？ |

| 序号 | 访谈可能向被访谈者提出的问题 |
|---|---|
| 4 | 您认为哪些服务内容是大家比较需要的？ |
| 5 | 您或您身边的人使用过员工帮助计划之后有什么感受？ |
| 6 | 您或您身边的人使用过员工帮助计划之后和使用之前会有不同吗？（您觉得您的员工在使用员工帮助计划之后有什么变化？） |
| 7 | 您使用过员工帮助计划之后，心理有什么变化吗？ |
| 8 | 您认为参加员工帮助计划对同事之间的关系有什么影响？ |
| 9 | 您会向身边的人推荐员工帮助计划服务吗？为什么？ |
| 10 | 您觉得在工作场所的创新行为一般受什么因素影响？ |

### （三）预约访谈对象

在每次访谈前，研究人员都会提前与受访对象预约具体时间。同时，会简要介绍访谈主题，这样做主要是确保访谈可以按计划进行。同时，提前让访谈对象了解访谈主题也可以让其有准备，也会让访谈对象感觉自己被重视。这样有助于访谈对象更加信任研究人员，更加有益于访谈对象与研究人员开展合作。

### （四）个人深度访谈

在深度访谈过程中，研究人员主要采用一对一、面对面的方式对访谈对象进行访谈，或者借助微信电话、网络会议等方式进行。每次访谈时间在30 分钟到 1 小时。访谈结束后，研究人员会认真总结，查看是否达到了预期的目标，并对资料进行整理，完成访谈记录，形成程序化扎根理论编码分析的原始研究资料。同时，对下一次访谈的内容做出安排，对访谈的方法和目标做出调整。

## 二、二手数据收集

二手数据主要包括国际论坛发言资料、活动宣传图片和文献。

### （一）国际论坛发言资料

自 2005 年起，为与中国的社会经济发展保持紧密联系，引领行业探索创新，员工帮助计划职场行为健康国际论坛持续在我国举办。每届论坛都推出具有高度前瞻性的理念、技术和员工帮助计划系统化经验。论坛邀请国内外优秀员工帮助计划专业机构的代表、身心健康和生产力管理领域的专家、企业人力资源和党群工会等部门的管理人员，管理学、心理学、社会工作等领域的学者参会并发表主旨发言。发言嘉宾通常会介绍企业员工帮助计划服务的内容和方法以及应用成果。因此，本书将近三年的论坛嘉宾发言材料作为本研究的二手数据进行收集，共收集 13 位嘉宾的主旨发言资料。

### （二）活动宣传图片

员工帮助计划宣传工作是组织开展员工帮助计划服务的一个重要环节，是组织让大部分成员了解员工帮助计划，正确理解员工帮助计划的手段和方法，包括工作坊、讲座、督导等形式。员工帮助计划服务开展的效果如何，很大程度上取决于组织的宣传工作。因此，本书将调研企业开展员工帮助计划服务的宣传海报作为二手数据进行收集，共收集宣传图片 33 张。

### （三）文献

文献是基于现实实际情况和调查数据的二次分析，既是现实情况的体现，也是专家观点的体现，因此，可以作为二手数据进行收集。本书在中国知网中以"员工帮助计划"为主题，时间不限，以"北大核心"和"CSSCI"为期刊来源进行搜索，共检索到论文 60 篇。在筛选过程中充分考虑了文献内容和期刊来源的权威性、代表性，最终得到文献 37 篇。

## 第三节　数据分析

根据扎根理论，利用 Nvivo12.0 软件对得到的原始研究资料进行编码分析和理论模型的构建，包括 9 名访谈对象的访谈记录和全部二手数据资料。留有 2 份访谈记录作为理论饱和度检验资料。

本书使用了 Nvivo12.0 软件进行编码，使用软件辅助编码的优势在于，研究人员可以反复调整编码和节点，而不容易出现混乱、出错的情况。同时，有利于统计出节点、子节点和编码的数量，也可以快速查找相关编码的位置，这将大大降低编码的劳动强度。

在 Nvivo12.0 软件中，"节点"代表数据资料的范畴，子节点代表子范畴，最小层次的子节点是对数据资料的具体编码。这些编码是原始研究资料中的一段话或一句话。关于具体的编码方法，可以是先建立节点和子节点，然后在节点下编码；也可以先编码，再整理和归纳子节点和节点。本书使用的是先编码，再归纳和整理子节点和节点。

## 一、开放式编码

开放式编码是对收集到的非常庞杂的原始研究资料逐一界定、分析资料中所发现的概念和范畴的研究过程。开放式编码工作中，对原始资料贴标签主要有三种方式：第一种方式是由研究人员自行创建标签。研究人员通过对比分析研究资料，根据资料本身的意义进行命名。第二种方式是沿用相关学术文献中的已有命名。这种方式虽然非常严谨，但缺乏弹性，可能会存在不能与本书所要表达意思一致的情况。第三种方式是见实编码。研究人员从原始数据资料中抽取词语作为编码。但由于访谈对象不一定会使用很准确的词语表达自己的意思，可能会出现没有合适词语可抽取的情况。因此，本书采用自行创建标签的方式处理原始研究资料。研究人员对收集到的原始研究资料逐行逐段进行编码，逐一归纳提炼出准确和有价值的初始概念。本书以"小写字母＋序号"的形式表示初始概念，以"A＋序号"的形式表示初始范畴。为了便于对比和查看，以"a＋序号"的形式表示一手数据资料的初始概念，以"b＋序号"的形式表示二手数据论坛主旨发言资料中的初始概念，以"c＋序号"的形式表示二手数据活动宣传海报资料中的初始概念，以"d＋序号"的形式表示二手数据研究文献资料中的初始概念。

本书从个人访谈中提炼出初始概念 35 个，对含义相同的概念进行了合并，形成正式概念 30 个，如将"精力管理""时间管理"合并为"时间管理"。编码结果如表 3-3 所示。

表 3-3　访谈资料开放式编码形成的初始概念

| 初始概念（子节点） | 覆盖资料数 | 参考点数 | 典型表述 |
| --- | --- | --- | --- |
| a1 情绪控制 | 9 | 33 | 我们经常有情绪控制这样的主题工作坊，大家都愿意参加，控制好自己的情绪挺重要的 |
| a2 减压培训 | 9 | 29 | 减压课很有趣，有很多游戏，上完课很放松 |
| a3 职场沟通 | 8 | 24 | 我记得我们有过一个"职场 360 度沟通技巧"的主题课，让我印象很深刻，平时觉得自己还挺会说话的，但对照那个课程，觉得自己可能不知道啥时候已经伤害到了周围的人，影响了关系，可能自己都没意识到 |

续表

| 初始概念<br>（子节点） | 覆盖<br>资料数 | 参考<br>点数 | 典型表述 |
|---|---|---|---|
| a4 时间管理 | 4 | 17 | 我有拖延症，就是感觉有很多事要干，但就是不着急。其实也着急，心里着急，但行动上拖延。感觉一天总是乱糟糟的，和打仗一样。我上过时间管理课，有点帮助 |
| a5 领导力提升 | 3 | 8 | 在我们 2016～2018 年为雇主提供的培训中，12% 的主题是关于管理技能提升的，比如"情商与领导力"这样的主题，都很受欢迎 |
| a6 亲子关系 | 5 | 7 | 作为家长，我喜欢那种有关青少年心理学的培训，可以了解小孩到底是怎么想的 |
| a7 新员工心理调适 | 3 | 5 | 我们比较注重新员工，特别是刚毕业的学生，从学校刚出来，有很多不适应的地方，需要给一些关注和培训 |
| a8 婚姻问题咨询 | 6 | 13 | 我前段时间家里出了点状况，就是夫妻感情问题，我就申请了咨询服务，挺受益的 |
| a9 裁员干预 | 2 | 3 | 我们服务的雇主里，有一些公司在进行变革的时候，可能需要裁员比较多，这时候是我们最忙的时候，员工人心惶惶，都怕自己被裁，那段时间我们的咨询师特别忙 |
| a10 职业生涯发展咨询 | 4 | 7 | 我们这个职业和别人不一样，别人放假正是我们忙的时候，我和家里人的休息时间都对不上。我放假他们休息，我休息他们放假。我也很迷茫，要不要换工作，已经纠结很长时间了，我正琢磨要不要申请个咨询 |
| a11 突发事件后的心理辅导 | 4 | 11 | 上周，我们这有个中层领导自杀了，部门同事反应挺大的，平时都经常在一起，他又很年轻，大家都很惋惜，也有人很自责，觉得自己没有关心到这个同事，不然多找他聊聊，可能就不会出事。我们及时对这些员工进行了心理干预 |
| a12 回馈公司 | 3 | 3 | 公司想着为我们解决困难，我们肯定也想着得好好工作，回馈公司 |
| a13 交换心理 | 2 | 3 | 公司组织了那么多培训，自己还是有收获的，（工作）水平也不一样了，（能力）自然就提高了 |
| a14 拥有良好工作氛围 | 2 | 3 | 这些活动除了帮助我们提升，也会把我们的状态和意见反馈给公司，这样有利于双方沟通，氛围还是挺好的 |

续表

| 初始概念<br>（子节点） | 覆盖<br>资料数 | 参考<br>点数 | 典型表述 |
|---|---|---|---|
| a15 感受组织人<br>文关怀 | 5 | 8 | 感觉很温暖（员工帮助计划服务），愿意一直在这样的<br>组织当中待下去 |
| a16 提升职业竞<br>争力 | 4 | 6 | 培训挺多的，包括很多方面，长期下来自己的综合能力<br>就得到了很大的提升，以后遇到更好的机会自己也有实<br>力去竞争 |
| a17 自愿付出 | 3 | 3 | 我自己受益过，自己得到过公司的帮助，以后公司有啥<br>需要我付出的，我肯定没问题 |
| a18 帮助他人 | 1 | 1 | 我觉得这是一种文化，也是一种传承，经常参加活动之<br>后，大家就慢慢地更愿意主动帮助他人 |
| a19 见面增加 | 5 | 6 | 每个月或者定期都有活动，大家见面机会就变多了 |
| a20 更加熟悉 | 4 | 6 | 参加活动，让我和同事更加熟悉了。平时大家都很忙，<br>除了工作交流，和关系好的几个人，其他大多不太交流。<br>但通过各种活动，大家在一起讨论、互动，就变熟悉了 |
| a21 交流变多 | 3 | 3 | 活动主题很多，不一定都是和工作有关的，大家可以交<br>流很多平时不太交流的话题 |
| a22 分享信息 | 2 | 2 | 在活动中大家聊得很多，可以得到很多信息，这些信息<br>在平时工作中不一定有人说出来 |
| a23 互相提醒 | 2 | 2 | 大家关系好像就变近了，会有人提醒你这样做可能会有<br>什么不好的后果，这些提醒都很善意，没人提醒可能真<br>会那么做 |
| a24 共同解决<br>问题 | 2 | 2 | 现在的培训都是启发式的，会设置很多任务，大家只有<br>齐心协力一起想办法才能完成。这非常好，不仅在活动<br>当中会这样，也会把（一起解决问题的）习惯带回去 |
| a25 有创新<br>精神 | 5 | 7 | 首先得有创新精神，能不能创新成功是一回事，但想不<br>想创新是前提，没有创新精神肯定没有创新行为 |
| a26 有新想法 | 6 | 6 | 要有想法，没有想法怎么可能创新？有的人点子就是多，<br>有的人就不行。他不是不想创新，是没有想法 |
| a27 愿意推销新<br>想法 | 2 | 2 | 有想法容易，想实现挺难的，得有支持，得自己想办法<br>去沟通、推销自己的想法 |

续表

| 初始概念<br>（子节点） | 覆盖<br>资料数 | 参考<br>点数 | 典型表述 |
|---|---|---|---|
| a28 有资源支持 | 6 | 6 | 创新不容易成功，前期需要挺多投入，有的可能在工作中稍微费点力气就可以实现，但更多的是需要投入的，包括人力物力财力等多方面的投入，巧妇难为无米之炊 |
| a29 新入职员工 | 4 | 7 | 一般对新入职的新员工来说，参加培训都很积极，因为他们都还没有熟悉这个企业，也没有融入，多参加培训可以认识很多人，可以更熟悉这个组织，更熟悉同事 |
| a30 女性 | 4 | 4 | 尤其是女性，现在社会对女性要求很高，既要工作，又要带孩子，还要照顾家里，压力真的很大。有时候我们接到一些咨询，电话刚通，对方就开始哭，情绪很激动。但一般在咨询结束之后，她们（情绪）都有很大改观，效果都还是不错的 |

本书从论坛发言材料中提炼出初始概念 16 个，对相同含义初始概念进行归纳合并后形成正式概念 10 个，如将"婚姻家庭问题""子女教育问题"合并为"家庭问题"。编码结果如表 3-4 所示。

表 3-4　论坛发言资料开放式编码结果

| 初始概念<br>（子节点） | 覆盖资<br>料数 | 参考<br>点数 | 典型表述 |
|---|---|---|---|
| b1 突发事件后咨询 | 9 | 56 | 疫情之后，我们第一时间启动了心理咨询服务，电话就成了热线 |
| b2 沟通培训 | 2 | 3 | 提供专门的培训来提高管理者的沟通能力 |
| b3 人际关系培训 | 3 | 5 | 引起心理问题的原因主要分为两大类，其中之一是与工作有关的外部环境因素，比如人际关系压力等。这些都需要帮助员工提升 |
| b4 压力管理培训 | 7 | 13 | 通过压力管理、情绪管理等培训，指导员工掌握提高心理素质的基本方法 |
| b5 领导力培训 | 2 | 3 | 通过改善工作的软环境（例如领导力培训、员工职业生涯规划等），进一步改善员工的工作环境和工作条件 |

续表

| 初始概念<br>（子节点） | 覆盖资<br>料数 | 参考<br>点数 | 典型表述 |
| --- | --- | --- | --- |
| b6 情绪控制 | 8 | 19 | 消极的情绪会在组织中弥散，逐渐形成一种压抑、消极、悲观的组织氛围，这会使员工忠诚度大大降低，员工士气低下，缺勤率、离职率上升 |
| b7 家庭问题 | 6 | 15 | 员工帮助计划在家庭层面，化解家庭问题，促进融洽关系 |
| b8 改变职场<br>行为 | 3 | 5 | 通过员工帮助计划帮助员工解决问题，让他的工作表现得更好 |
| b9 女员工 | 4 | 7 | 女员工面临多种角色和生活环境的转变，心理应对能力受到挑战 |
| b10 新员工 | 2 | 2 | 企业如何借助员工帮助计划专业人员的工作协助新员工适应初入职场的转变，适应企业的组织文化和管理模式 |

本书从活动宣传图片资料中提炼出初始概念 11 个，对相同含义概念进行归纳合并后形成正式概念 7 个，如将"坏情绪""焦虑情绪"合并为"情绪管理"。编码结果如表 3-5 所示。

表 3-5　活动宣传图片开放式编码结果

| 初始概念<br>（子节点） | 覆盖资<br>料数 | 参考点数 | 典型表述 |
| --- | --- | --- | --- |
| c1 沟通技巧 | 3 | 3 | 心理大咖带您学点沟通技术，拉近与家人的距离 |
| c2 心理学应用 | 3 | 5 | 终极剁手攻略，如何"买"出幸福感 |
| c3 情绪管理 | 4 | 4 | 如何控制好自己的坏情绪 |
| c4 精力管理 | 1 | 2 | 精力管理帮助您应对疫情带来的工作和生活影响 |
| c5 压力管理 | 3 | 3 | 压力管理与健康幸福之道 |
| c6 人际交往 | 2 | 2 | 人际交往中不可或缺的重要能力 |
| c7 新人适应 | 1 | 4 | 新人，我该如何适应工作 |

本书从文献资料中提炼出初始概念 31 个，对相同含义的概念进行归纳合并后形成正式概念 14 个，如将"关系融洽""和谐关系""同事关系"合并为"同事关系"。编码结果如表 3-6 所示。

表3-6　文献资料开放式编码结果

| 初始概念<br>（子节点） | 覆盖资料数 | 参考点数 | 典型表述 |
|---|---|---|---|
| d1 生涯规划指导 | 26 | 35 | 公司引入员工帮助计划开展个性化的职业生涯规划指导，通过多种辅助手段，指导员工学会综合评估外界环境和自身发展需求，制定自己的短期、中期、长期职业生涯发展规划 |
| d2 减压咨询 | 30 | 63 | 通过心理咨询为员工提供减压服务，针对具体问题进行管理，促进员工恢复生理和心理平衡状态 |
| d3 同事关系 | 5 | 6 | 员工帮助计划帮助形成良好的工作氛围、融洽的同事关系、顺畅的人际沟通 |
| d4 工作关系 | 5 | 5 | 员工帮助计划给员工带来巨大影响，与同事、下属和上司建立良好的工作关系，以及同事间的相互影响可以帮助他们实现个人和组织目标 |
| d5 合作关系 | 4 | 6 | 员工帮助计划强调员工是组织不可替代的人力资本，员工帮助计划服务的引入将大大增强员工的主人翁意识，有助于促进员工之间的合作关系，不断增强组织的凝聚力 |
| d6 人际关系 | 17 | 32 | 员工帮助计划可以营造宽松、舒适、愉快的工作环境，为组织的员工搭建良好的人际关系 |
| d7 社会关系 | 3 | 5 | 员工帮助计划扩大个体的私人社会关系网络，提高个体组织化程度 |
| d8 组织变革心理干预 | 5 | 6 | 某个大型国有企业在发生变革之前就开始邀请有关专家对员工开展心理评估和心理健康培训，还针对部分问题员工开展了一对一心理咨询服务。由于提前的准备工作做得扎实，在组织变革工作启动之后，大部分员工能理性地对待，没有对变革的进程造成任何不良影响 |
| d9 交易心理 | 1 | 2 | 针对交易心理契约的员工，由于创新过程监控比较难、成果估值比较难，因此需要构建科学的员工绩效考核机制，实现员工投入与回报相匹配，并采取差异化、等级化薪酬策略 |
| d10 关系心理 | 1 | 2 | 关系心理契约的员工激励，需要根据员工个人偏好和知识结构，不断丰富员工工作内容，不断增强工作挑战性，通过轮岗和协同工作等模式，实现工作面拓宽和深度加强，提高员工胜任力 |

续表

| 初始概念<br>（子节点） | 覆盖资料数 | 参考点数 | 典型表述 |
|---|---|---|---|
| d11 团队心理 | 1 | 2 | 基于团队心理契约的员工，要建立创新、和谐、美好的学习文化，需要以融洽的人际关系氛围为基础，人力资源相关部门应该从团队关系的培育、鼓励成员进行技能与知识交流、建立多层级沟通机制多个角度入手 |
| d12 促进创新 | 2 | 2 | 员工帮助计划的企业社工实践对工作绩效中的创新绩效有正面的影响 |
| d13 女性员工 | 5 | 9 | 特别是在传统观念的影响下，女性员工在工作之余，还要担负着照顾家庭及小孩的责任，较男性员工来说更容易有工作家庭角色冲突。员工的工作家庭角色冲突程度在一定程度上取决于所在组织制定的员工帮助计划等有关政策 |
| d14 强化心理契约 | 8 | 11 | 员工帮助计划有利于及时、科学地疏导员工的负面情绪，营造良好的组织人际关系环境，加强员工对组织的心理契约 |

本书对以上的初始概念进行总结和归类，提炼出 10 个范畴，范畴的类别以及概念构成如表 3-7 所示。

表 3-7 开放式编码形成的初始范畴

| 初始范畴 | 构成初始范畴的初始概念 |
|---|---|
| A1 成长培训服务 | a1 情绪控制；a2 减压培训；a3 职场沟通；a4 时间管理；a5 领导力提升；a6 亲子关系；a7 新员工心理调适；b2 沟通培训；b3 人际关系培训；b4 压力管理培训；b5 领导力培训；b6 情绪控制；c1 沟通技巧；c2 心理学应用；c3 情绪管理；c4 精力管理；c5 压力管理；c6 人际交往 |
| A2 心理咨询服务 | a8 婚姻问题咨询；a9 裁员干预；a10 职业生涯发展咨询；a11 突发事件后的心理辅导；b1 突发事件后咨询；b7 家庭问题；d1 生涯规划指导；d2 减压咨询；d8 组织变革心理干预 |
| A3 交换关系 | a12 回馈公司；a13 交换心理；d9 交易心理 |
| A4 互惠关系 | a14 拥有良好工作氛围；a15 感受组织人文关怀；a16 提升职业竞争力；d10 关系心理 |
| A5 发展关系 | a17 自愿付出；a18 帮助他人；d11 团队心理；d14 强化心理契约 |

续表

| 初始范畴 | 构成初始范畴的初始概念 |
|---|---|
| A6 嵌入广度 | a19 见面增加；a20 更加熟悉；a21 交流变多 |
| A7 嵌入质量 | a22 分享信息；a23 互相提醒；a24 共同解决问题；d3 同事关系；d4 工作关系；d5 合作关系；d6 人际关系；d7 社会关系 |
| A8 员工创新行为 | a25 有创新精神；a26 有新想法；a27 愿意推销新想法；a28 有资源支持；b8 改变职场行为；d12 促进创新 |
| A9 女性员工 | a30 女性；b9 女员工；d13 女性员工 |
| A10 新员工 | a29 新入职员工；b10 新员工；c7 新人适应 |

通过对两组不同来源的数据进行平行编码可以看出，一手数据和二手数据中提取的初始概念数量基本相同，内容比较相近。从凝练出的初始范畴中可以看出，几乎每一个初始范畴都既包含一手数据中的初始概念，也包含二手数据中的初始概念，说明本书的一手数据和二手数据具有比较好的一致性。同时，使用一手数据和二手数据进行相互印证可以大大提高编码分析、模型构建和研究结果的可信程度。

## 二、主轴性编码

主轴性编码工作是深入探索各个范畴之间的潜在关系，并为他们建立关联。在主轴性编码过程中，研究人员要随时翻阅原始研究资料以便探寻各个范畴之间的关系，最后将范畴按照不同的逻辑关系进行归类。本书经过主轴性编码工作，最终形成 6 个主范畴和 10 个副范畴，6 个主范畴分别是员工帮助计划、心理契约、关系嵌入、员工创新行为、性别、组织任期。10 个副范畴分别是成长培训服务、心理咨询服务、交换关系、互惠关系、发展关系、嵌入广度、嵌入质量、员工创新行为、女性员工、新员工。具体如表 3-8 所示。

表 3-8 主轴性编码结果

| 主范畴 | 副范畴 | 关系的内涵 |
|---|---|---|
| B1 员工帮助计划 | A1 成长培训服务 | 企业提供的情绪管理、减少压力、沟通技巧、时间管理、领导力提升、新员工心理调适等课程是有助于员工全面成长的一对多的培训服务 |

续表

| 主范畴 | 副范畴 | 关系的内涵 |
|---|---|---|
| B1 员工帮助计划 | A2 心理咨询服务 | 企业提供的婚姻问题咨询、裁员干预、职业生涯发展咨询、突发事件后的心理辅导等是解决员工个性化问题的一对一咨询服务 |
| B2 心理契约 | A3 交换关系 | 员工基于交换关系，感知到的自己的责任与义务 |
| | A4 互惠关系 | 员工基于互惠关系，感知到的自己的责任与义务 |
| | A5 发展关系 | 员工基于发展关系，感知到的自己的责任与义务 |
| B3 关系嵌入 | A6 嵌入广度 | 员工与同事的见面次数、熟悉程度、交流次数影响嵌入广度 |
| | A7 嵌入质量 | 员工与同事的分享信息、互相提醒、共同解决问题影响嵌入质量 |
| B4 员工创新行为 | A8 员工创新行为 | 员工创新行为受个体创新精神、新想法的产生、新想法的推销、资源支持等因素影响 |
| B5 性别 | A9 女性员工 | 女性员工承担的多种角色，和男性员工相比更容易造成家庭工作冲突 |
| B6 组织任期 | A10 新员工 | 员工入职时间长短影响员工与同事之间的关系 |

## 三、选择性编码

选择性编码是在主轴性编码的基础上进行进一步的精炼和整合，进而建立核心范畴之间的关系，发展出新的理论框架。按照程序化扎根理论研究的要求和规范，在本环节的工作中，本书邀请了 3 名管理专家参与，1 名是组织行为学领域的专家，1 名是研究方向为人力资源管理的博士研究生，1 名是员工帮助计划项目的高层管理人员。经过深入的分析与探讨，我们确定"员工帮助计划对员工创新行为影响"这一核心范畴。在本书中，员工帮助计划是组织实施的人力资源管理项目，是刺激因素，可作为本书的自变量；员工创新行为是组织想要达成的目标，是反应因素，可作为本书的因变量；心理契约和关系嵌入是员工经过员工帮助计划服务后发生的内在和外在变化，是机体因素，可以作为员工帮助计划和员工创新行为之间的中介变量。核心范畴的典型关系如表 3-9 所示。

表 3-9　核心范畴的典型关系

| 核心范畴典型关系 | 代表性资料描述 | 典型关系的依据 |
|---|---|---|
| 员工帮助计划<br>↓<br>员工创新行为 | b8 通过员工帮助计划帮助员工解决问题，让他的工作表现得更好<br>d12 员工帮助计划的企业社工实践对工作绩效中的创新绩效有正面的影响 | 社会交换理论。该理论认为人们在社会交往中，总是希望得到最大报酬，为了得到报酬自己也会做出相应的付出。员工帮助计划会让员工感知到组织的关心与支持，作为回报，员工也会努力工作、创新工作 |
| 员工帮助计划<br>↓<br>心理契约 | a12 公司想着为我们解决困难，我们肯定也想着好好工作，回馈公司<br>d14 员工帮助计划有利于及时、科学地疏导员工的负面情绪，搭建良好的组织人际关系，加强员工对组织的心理契约 | 心理契约理论。心理契约是组织与员工之间非正式的契约关系的隐形契约。当员工对组织的期望得到满足时，会提升员工的心理状态 |
| 员工帮助计划<br>↓<br>关系嵌入 | a20 参加活动，让我和同事更加熟悉了。平时大家都很忙，除了工作交流，和关系好的几个人，其他大多不太交流。但通过各种活动，大家在一起讨论、互动，就变熟悉了<br>a22 活动中大家聊得很多，可以得到很多信息，这些信息在平时工作中不一定有人说出来 | 嵌入理论。嵌入理论认为，人虽然是"经济人"，会追求利益最大化。但良好的人际关系可以带来长远的利益，因此，个人愿意维持良好的人际关系。当组织为员工提供交流、成长的机会，员工愿意增加与他人的嵌入 |
| 员工帮助计划<br>↓<br>心理契约<br>↓<br>员工创新行为 | d9 由于创新过程监控比较难、成果估值比较难，因此需要构建科学的员工绩效考核机制，实现员工投入与回报相匹配，并采取差异化、等级化薪酬策略 | "S-O-R"模型。该模型认为，外界的刺激会通过影响人的内在机体状态来影响人的最终行为。即员工帮助计划会让员工感知到组织的支持，这会影响员工的心理契约，最终促进员工创新行为的产生 |

续表

| 核心范畴典型关系 | 代表性资料描述 | 典型关系的依据 |
|---|---|---|
| 员工帮助计划 → 关系嵌入 → 员工创新行为 | d11 人力资源部门应该多从团队关系的培育、开展成员的技能与知识交流、建立多层级沟通机制等多个角度入手，激励员工创新 | "S-O-R"模型。该模型认为，外界的刺激会通过影响人的内在机体状态来影响人的最终行为。即员工帮助计划为员工搭建了交流、成长的平台，这会影响员工的关系嵌入，最终促进员工创新行为的产生 |
| 心理契约 → 关系嵌入 | a23 大家关系好像就变近了，会有人提醒你这样做可能会有什么不好的后果，这些提醒都很善意，没人提醒可能真会那么做 | 嵌入理论。嵌入理论认为，人虽然是"经济人"，会追求利益最大化。但良好的人际关系可以带来长远的利益，因此，个人愿意维持良好的人际关系。员工心理契约水平越高，越愿意维护人际关系 |

因此，本书的"故事线"符合"S-R""S-O-R"的理论研究范式，沿着这条"故事线"对本书的作用机制进行描绘，可得到"S-R""S-O-R"理论层级范畴的典型关系结构，即员工帮助计划既直接影响员工创新行为，也通过影响员工内在机体状态进而影响其行为。因此，本书主范畴之间的作用关系如图 3-4 所示。

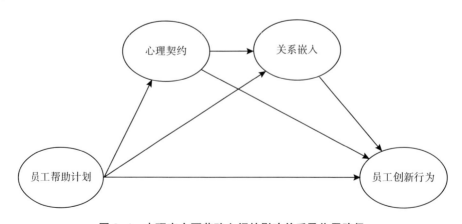

图 3-4　本研究主要范畴之间的影响关系及作用路径

### 四、理论饱和度检验

理论饱和度检验是通过用于编码分析以外的数据来检验目前产生的范畴是否充分，是否还有新的概念和范畴产生。如果没有新的概念和范畴产生，那么我们就认为理论达到了饱和。如果还可以凝练出新的概念和范畴，则认为理论未达到饱和，那么我们就要继续进行理论取样、数据收集和分析等工作，直到理论达到饱和。因此，理论饱和度检验决定了扎根理论研究何时可以停止采样。

本书利用留存备用的 2 份访谈资料数据对理论模型进行了理论饱和度检验。通过三级编码对原始数据资料进行分析后，没有发现新的关系结构，也没有发现新的概念和范畴。由此可以认为，上述员工帮助计划对员工创新行为影响的模型是理论性饱和的。

## 第四节　理论框架

### 一、模型框架构建

本书在进行研究资料收集、数据分析、概念化和范畴化工作后，凝练了 6 个主范畴、10 个副范畴，并分析了它们之间存在的关系。围绕核心范畴形成"故事线"，按照"S-R""S-O-R"模型的内在逻辑，本书将员工帮助计划对员工创新行为影响的各个变量合理地安排于其中。把员工帮助计划作为该模型中的"刺激（S）"，将其分为成长培训服务和心理咨询服务 2 个维度；把心理契约和关系嵌入作为该模型中的"机体（O）"，其中心理契约分为交易型心理契约、关系型心理契约、平衡型心理契约 3 个维度，关系嵌入分为嵌入广度、嵌入质量 2 个维度；把员工创新行为作为该模型中的"反应（R）"。

另外，我们在访谈中还发现，在心理咨询服务影响心理契约的过程中，性别起到调节作用，如被调查者谈道：尤其是女性，现在社会对女性要求很高，既要工作，又要带孩子，还要照顾家里，压力真的很大。有时候我们接到一些咨询，电话刚通，对方就开始哭，情绪很激动。但一般在咨询结束之后，她们（情绪）都有很大改观，效果还是不错的。在成长培训服务影响关系嵌入的过程中，组织任期起到调节作用。如被调查者谈道：一般对新入职的员工来说，参加培训都很积极，因为他们都还没有熟悉这个企业，也没有融入，多参加培训可以认识很多人，可以更熟悉这个组织，更熟悉同事。因此，最终构建的理论模型如图 3-5 所示。

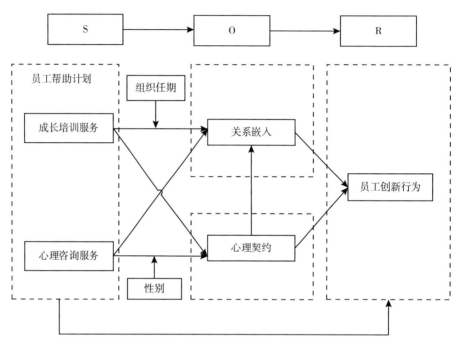

图 3-5　员工帮助计划对员工创新行为影响的理论模型

## 二、模型逻辑结构

本书的整体模型主要包含三种关系，分别是直接作用关系、中介作用关系和调节作用关系。

### （一）直接作用关系

本书根据扎根理论研究方法分析发现，员工帮助计划主要包括成长培训服务和心理咨询服务。根据社会交换理论，当组织为员工提供员工帮助计划服务时，员工会感知到组织的关心与支持，这会促进他们做出积极的反应来回报组织，会想办法把工作做得更好。因此，本模型包含了成长培训服务对员工创新行为的直接作用关系和心理咨询服务对员工创新行为的直接作用关系。

**（二）中介作用关系**

根据"S–O–R"模型，外界的刺激会通过影响人的内在机体状态来影响人的最终行为。我们在进行访谈的时候也发现，员工在使用员工帮助计划服务后，也会产生内在机体的变化。比如会感激组织，愿意更加努力地工作，把工作做好。这是通过对员工内在心理状态的影响进而影响员工的行为。又比如员工在使用员工帮助计划服务后，觉得自己和同事之间更熟悉，更愿意与大家交流和互相帮助。这是通过影响员工的嵌入进而影响员工的行为。因此，本模型包含了心理契约、关系嵌入在员工帮助计划与员工创新行为之间的中介作用关系。

**（三）调节作用关系**

研究人员在进行访谈时发现，被访谈人员多次提到女性员工，认为女性员工面临更大的生活工作压力，并且在使用员工帮助计划服务后，取得了很好的效果。根据性别差异理论，女性相比男性而言，更具有社会性，更愿意关注情绪，愿意为其他人提供帮助也愿意向他人倾诉情感。因此，本模型包含了性别在心理咨询服务与心理契约之间的调节作用关系。同时，新员工也是访谈中被提及频次比较高的群体。新员工在进入组织后，对同事、组织文化等都不熟悉，无论是从新员工自身的角度还是从组织的角度，都希望有更多的成长培训服务，因此，本模型包含了组织任期在成长培训服务与关系嵌入之间的调节作用关系。

# 第五节　研究假设提出

我们根据如上程序化扎根理论探索性研究得到了员工帮助计划对员工创新行为影响的机制模型。接下来本书将结合原始研究资料和已有文献，梳理构建的理论模型中各个范畴之间的逻辑关系，并提出相关研究假设。

## 一、员工帮助计划对员工创新行为直接作用关系假设

员工创新行为开始于员工个体对问题的认知和定义，然后就创意或构想寻求帮助和支持，将创新想法用于实践，建立创新原型或模型，最后促成商品化生产或服务等一系列复杂过程[8]。虽然员工创新行为是个体行为，但创新活动是一个社会交互过程[9]，组织因素对激发个体创造性行为的影响，是不

容忽视的[17]。这是因为员工个体处在一定的环境中，并且员工个体与环境中的各要素间都有着紧密联系。因此，员工个体的内在心理、行为活动必然会受到外界环境的影响。一些学者在研究中发现，员工在支持性的工作环境中的创新能力最强、创新思维最活跃、创新行为表现力最强，如主管支持感可以影响员工创新行为的实施[127]。在人力资源管理实践方面，员工所感知到的人力资源管理强度与其创新行为之间有着显著的影响关系[18]。因此，组织应该通过适当的培训项目来培养员工的支持感，同时，管理者应该重视员工的心理变化，为他们提供更多的支持感[127]。

社会认同理论研究指出，个体在某一群体中期待获得社会群体身份上的认同和情感上的肯定[128]。当前生活节奏越来越快，人们的生活压力也越来越大。员工经常面临家庭、工作、社会等多重压力，身心健康都频出问题，这会降低员工的职业效能感[129]。员工帮助计划的核心目标是为员工提供服务，帮助员工缓解工作生活中的压力，识别、评估员工的心理状况并提供相应的咨询服务。同时，通过培训和辅导培养员工的积极情绪，通过不断改善员工的身心健康状况来提高员工的工作绩效，进而达到促进组织绩效提升的目的。员工帮助计划为员工提供心理咨询、职业成长等方面的服务，不仅可以增加组织和员工之间沟通的有效通路，而且根据社会认同理论，员工在感知自己的话语权增加时，也会提高工作积极性和归属感[5]。当新员工进入组织时，无论是刚毕业的大学生还是从另一个组织调入新组织的员工，都面临着陌生环境的适应问题，如何顺利度过适应期，是组织要考虑的问题。研究表明，当组织为员工提供培训时，可以更好地让员工认同组织，进而促进其创新行为的产生[130]。而且，非正式人际关系的密切程度与创新行为显著正相关[131]，基于以上分析，本书推测员工帮助计划对员工创新行为有正向影响。提出如下假设：

H1：员工帮助计划正向影响员工创新行为。

共包括 2 个子假设：

H1a：成长培训服务正向影响员工创新行为。

H1b：心理咨询服务正向影响员工创新行为。

## 二、心理契约和关系嵌入的中介作用关系假设

心理契约是员工与组织对彼此责任和义务的信念。它可以帮助组织积极应对新经济环境下就业关系的急剧变化，可以提高员工的工作态度，还可以

提高组织效率。在终身制雇佣关系消失后，组织和员工之间的心理契约内容发生了变化。随着经济体制和组织变革的改变，员工在组织中已经不再单纯地追求就业安全性，而是更加看重组织带给自己的工作技能的提升，因此员工更加看重组织给自己带来个人职业能力提升的学习和成长机会。因此，从这个角度看，提升员工的职业技能，促进员工的职业成长，不仅仅是员工个人的责任，也是组织的责任[132]。Guest 认为，组织的行为会影响员工的心理契约，如组织氛围、组织文化，以及人力资源管理政策与实践等因素都对员工的心理契约有重要影响[85]。在我们访谈中也可以从被调查者的言语中感受到，如有受访者提到："现在工作任务很重，各种各样的任务，还有工作和家庭平衡的问题，真是心力交瘁，很多时候我都觉得自己抑郁了，所以公司时不时地举办一些培训，教大家如何应对这些问题，还挺感动的，公司想着大家的困难，让人感到很温暖，咱也得好好工作，回馈公司。"

根据社会交换理论，个体受到帮助和支持时，会主动回报利益的提供者。员工会因为个人在组织中得到晋升和成长，增强对组织的认同，从而更愿意留在组织当中[133]。翁清雄认为，员工因为从培训中获得更多的知识和技能，会促进员工产生良好的心理契约[134]。组织的指导、座谈会、职业生涯规划与指导、文化活动、培训教育对员工的心理契约的形成有重要作用[135]。以上所提到的员工培训、职业生涯规划、文化活动等均是员工帮助计划的服务内容。这些服务都可以给予员工帮助和支持，促使员工不断地自我成长，大大增加员工的心理契约。也就是说，员工帮助计划可以通过为员工提供专业的辅导、培训和咨询来帮助解决员工的心理和行为问题，从而促进员工的状态、关系和效率的改善，提高员工的心理契约[38]。综上，本书提出以下假设：

H2：员工帮助计划对心理契约有正向影响。

共包括 2 个子假设：

H2a：成长培训服务正向影响心理契约。

H2b：心理咨询服务正向影响心理契约。

员工帮助计划是组织帮助员工解决社会、心理、健康等方面问题的福利方案。但组织实施员工帮助计划并不仅仅是为员工提供了福利，本书在第二章综述部分已经提到，国外学者有大量的实证研究可以证明员工帮助计划在降低组织成本、减少员工缺勤率、降低员工流失率以及医疗保险成本方面有明显效果。除了成本 – 收益方面的作用，员工帮助计划还可以提升员工工作质量、同事关系、上下级关系[136]。Wolfe 等认为，员工帮助计划可以增加组织和员工之间沟通的有效通路，这会使员工感觉到自己更有话语权，从而提高自己的工作积极性和归属感[5]。从社会学的视角讲，关系嵌入可以说明关系网络成员之间的密切程度以及关系质量，关系嵌入过程一般都伴随着复杂的、异质知识的获取过程[137]。随着工作节奏的加快和职场竞争的增强，员工要不断提升自身的工作能力，以适应工作需求，员工为了保持或不断提升职业竞争力，对自身的职业成长需求会越来越高。所以，员工在工作中得到的职业成长越多，他们就会与组织嵌入度越高，越愿意留在组织当中，会对组织产生积极的情感，会感激组织给予自己的机会，更愿意与组织共同发展。

同时，组织给予的心理干预对增强个人的复原力是有益的[138]。COVID-19大流行导致许多国家采取限制性措施以遏制和防止其进一步传播，限制性措施让人们感到压力和不安全感，因此，在 COVID-19 引发的全球健康危机期间，社会上许多人呼吁采取行动，紧急调查压力强度。有学者对酒店员工进行了调查，结果显示高心理应付能力的员工能够应付压力和不安全感[139]。某能源集团公司国际部负责人在"第十五届中国 EAP 职场行为健康国际论坛"上表示：企业引入员工帮助计划项目 12 年以来，主要取得了三方面的成果。其中之一是组织层面降低了员工的压力，增强了员工的归属感①。说明员工帮助计划的服务项目可以促使员工对所在组织产生更加积极的情感，可以促使员工增强对组织的认同感和归属感，从而愿意共享自己的信息与知识，与组织嵌入程度更高。在访谈中，被调查者也表示："公司比较大，员工很多，除了日常对接工作会接触到一些同事。其他人虽然同事很多年，也可能不认识，或者只听说过名字。但如果大家一起参加培训或活动，就会在那几天里迅速地热络起来。后面再有什么工作涉及这些人所在部门，立马就觉得很熟悉，有熟人，沟通起来很方便。特别是女同事，在一个主题活动中，互动得比较好，互相留下联系方式，以后交流就多了。"

综上，本书提出以下假设：

H3：员工帮助计划对关系嵌入有正向影响。

共包括 2 个子假设：

H3a：成长培训服务正向影响关系嵌入。

---

① 摘自 2020 年 12 月 3 日，第十五届中国 EAP 职场行为健康国际论坛主题演讲内容。

H3b：心理咨询服务正向影响关系嵌入。

心理契约是形成员工工作态度和工作行为的决定性因素[140]。心理契约履行较好的员工在工作中更愿意发挥自己的主观能动性，做出对组织有益的行为[93]。有学者在以 IT 专业人员为调查对象进行调查时发现，心理契约的履行水平与创新性工作行为有显著的正向关系[141]。在组织给予充足资源的情况下，不仅会影响员工工作的完成情况，而且对资源充足性的感知会通过影响员工对所承担工作的内在价值的心理认知而对员工创造力产生影响[17]。这种情况下，员工在工作中更愿意发挥自己的主观能动性，做出对组织有益的行为[93]。我国学者发现，当员工的期望获得满足后，员工能够主动积极创新，努力为顾客提供更优质的服务[142]。具体到心理契约的不同维度可以发现，交易型心理契约的员工在组织提供了良好的绩效奖励以及福利待遇后，员工就有了相应的目标，为了完成目标，拿到相应的福利，就会努力工作，这有利于促进其创新行为的产生，以换取更加优厚的待遇，这种良性循环可以有效地提高员工创新行为。关系型心理契约的员工，在组织中得到成长所需的资源，也愿意更加努力创造更好的工作绩效，因此关系型心理契约对员工创新行为有显著的正向促进作用[143]。而平衡型心理契约的员工，不但可以促进其组织公民行为[144]，而且其在稳定的环境和和谐的人际氛围中，可以充分发挥自身潜能，更容易产生新的想法，极大增加了创新的来源[145]。因此，本书提出以下假设：

H4：心理契约正向影响员工创新行为。

根据社会交换理论，当员工的期望被满足时，他们会更愿意与他人交流，分享信息。当员工期望没有得到满足时，员工会变得失望，减少自己建设性的建言行为[146]。在组织和员工的关系中，员工会根据组织给予自己的收益而调整自己的付出，当员工觉得自己的收益大于或等于付出时，会持续自己的付出，心理契约能得到较好的履行；当员工觉得自己的收益小于付出时，会认为自己没有得到公平对待，心理契约会遭到破坏，员工会调整自己的付出。这种付出和回报并不仅仅是物质利益，也包括情感、人际关系、长久发展等[81]。如果组织和成员或成员间有较好的心理契约，那么组织和成员、成员与成员间就会保持良好的互动。有较好心理契约的伙伴能够加强联系，实现资源、知识和信息交流[147]。

知识和信息共享对于组织生存发展至关重要，但这种共享行为要靠员工自觉自愿进行，因为组织很难将这种行为进行量化或者纳入到员工的岗位职责中。隐形知识的外部性、无形性和难以衡量等特点，决定了其拥有者和需求者之间不对等的关系，如果没有心理契约的存在，就没有办法进行知识共享[148]。这是因为心理契约是一种基于情感的约定，有助于增进员工与组织和其他成员之间的情感交流，如果一方的行为和另一方的感知是一致的，那么这种心理契约可以降低双方的不安全感，促使彼此之间更加信任。信任是个体基于对组织或他人意图或行为的积极预期而愿意暴露或接受脆弱性的一种心理状态，心理契约为员工间良好的信任提供了支撑，对信任的形成有显著的正向影响[87]。当员工感知组织或他人的心理契约履行程度越高，员工对组织或他人的信任越强。如果心理契约破裂，则会影响员工与组织之间的关系[149]。心理契约对员工的信任有显著的正向影响，因此，组织想要可持续性发展，则需要加强与员工的心理契约[150]。

综合以上学者观点，我们可以发现当员工的心理契约水平较高时，他更愿意表现出积极的态度和行为。这是因为根据个体自我调节理论，员工在工作中，会不断观察组织的实际行为和自己对组织期待的行为之间的差异，并根据这种差异矫正自己的行为。当组织的实际行为超过自己的预期时，员工会更加认同组织，更愿意与组织及组织成员加强联系，提高关系嵌入。当组织的实际行为没有达到自己预期时，员工就会感到失望，会减少自己与组织及组织成员的联系，降低关系嵌入。因此，本书提出以下假设：

H5：心理契约正向影响关系嵌入。

关系嵌入表现为成员之间更为开放透明的信息共享、更为广泛紧密的互动。关系嵌入水平越高，成员之间信任越多，合作越多。对于组织而言，关系嵌入可以推动新的业务流程的开发与构建[151]，促进企业的绿色创新[152]、商业模式创新[113]，由此我们可以看出，关系嵌入对团队中的成员及团队整体的创造力水平都有着重要影响。那么对于个体而言，员工个体在积极交流沟通，并相互提供帮助的时候，会加速技术知识和信息在组织内部的流通。这样经过信息交换和思想碰撞后，员工更容易产生新的想法[99]。当知识共享水平越高时，员工绿色创新意愿向行为的转化程度越高[153]，对创新能力正向影响越显著[154]。同时，员工之间的关系越紧密，个体越容易在组织中获得更多的关键性资源，比如同事给予的情感支持、技术支持、信息支持等。这种支持不仅意味着能够让员工感知到自身创新成功的可能性在提高，也会让员工相信即便自已失败了，也有快速弥补自身损失的资源。这在一定程度上会大大降低员工创新的成本，所以员工更可能做出创新行为[130]。而除了交流和互动，员工在关系网络中的身份认证，也会影响其创造的努力程度和创新行为绩效[155]。综上分析，组织与员工或员工之间的关系嵌入水平越高，越能激发员工的创新意愿，提高创新工作成效。因此，本书提出以下假设：

H6：关系嵌入正向影响员工创新行为。

学者经常用心理契约解释员工关系、员工忠诚度和组织绩效[156]。外界环境的变化和要求，会促使组织人力资源管理实践发生变化[157]。在中国经济稳中向好，长期向好的基本趋势中，组织所面临的传统的劳资关系正在迅速为非传统的雇佣关系让路。这种转变大大影响了员工和组织之间的期望和义务。Guest认为，组织的行为会影响员工的心理契约，比如员工感知到的组织氛围、组织文化以及人力资源管理政策等都会影响员工的心理契约[85]。员工会因为个人在组织中得到晋升和成长，增强对组织的认同，从而更愿意留在组织中[133]。翁清雄和陈加洲的研究都表明，员工从组织中获得培训或提高自身的职业技能，都会促使员工产生良好的心理契约[134,135]。信任是个体基于对组织或他人意图或行为的积极预期而愿意暴露或接受脆弱性的一种心理状态[158]，当员工感知组织或他人的心理契约履行程度越高，员工对组织或他人的信任越强。孙雪梅研究证明，员工帮助计划对知识型员工心理契约有正向影响[38]。而心理契约履行对员工绩效和组织公民行为具有显著性影响[159]。王贵军研究显示，员工心理契约感知水平的提高能够促进员工的创新行为[95]。而主管反馈会降低员工心理契约，违背鼓励员工表现出更高水平的创新行为[160]。综上分析，本书提出以下假设：

H7：心理契约在员工帮助计划和员工创新行为之间发挥中介作用。

共包括2个子假设：

H7a：心理契约在成长培训服务和员工创新行为之间发挥中介作用。

H7b：心理契约在心理咨询服务和员工创新行为之间发挥中介作用。

员工帮助计划项目的预期目标包括（不限于）帮助员工建立良好的人际和工作关系，帮助组织改善组织氛围、提高员工的士气，改善社会工作氛围，营造良好的工作场所和谐气氛，最终达到组织提供支持，帮助组织释放生产力的核心目标。从员工帮助计划的服务范围和预期目标可以看出，其中有一部分内容是帮助员工建立与其他员工的信任，促进他们之间的信息交流。个体之间的互动交流及合作是形成知识的重要源泉，是成员彼此学习、不断创新的根本[161]，员工在互动与合作过程，会通过不断交流，产生新的知识，促进创造力的形成[162]，因此，员工之间的非正式联结关系和网络嵌入关系对组织创新活动都有正向影响。而员工在关系网络中的身份认证，也会影响其创新的努力程度和创新行为绩效[155]。综上，本书提出以下假设：

H8：关系嵌入在员工帮助计划和员工创新行为之间发挥中介作用。

共包括 2 个子假设：

H8a：关系嵌入在成长培训服务和员工创新行为之间发挥中介作用。

H8b：关系嵌入在心理咨询服务和员工创新行为之间发挥中介作用。

工作需求资源理论认为，充裕的工作资源可以最大限度地激发员工个体的主观能动性，促进员工个体表现出积极的情绪和心理状态，最终实现组织理想的工作效果[163]。也就是说，好的工作资源会通过影响个体的心理状态进而影响个体行为。近年来，有关人力资源实践对创新行为影响的研究日益受到重视，Nazanin 研究表明，有效的人力资源管理实践有助于促使员工表现出更多的创新行为[164]。组织应考虑员工的个人需求、同事关系、领导行为、工作设计等因素，进一步激发员工的创新行为[165]。

员工帮助计划是从员工的内在需求着手，解决现实中压力应激等工作生活问题，有助于帮助组织将管理激励从权利化转化为制度化、从操作型转化为心理契约型[166]。当员工面临高压力、高负荷的工作和生活时，组织举办的压力管理等一系列活动，可以让员工感知到更多的组织支持性资源，提升员工的身心健康，增强员工的心理契约。组织内成员的关系嵌入程度越高，越有助于营造更加开放、互助合作的组织氛围，并且通过组织内部的合作和信任，能够促进知识、信息和工作经验等重要资源在企业内部有效的流动和传播[113]。因此，加强成员之间的交流联系，有利于增强网络中成员之间互信互惠的关系，降低成员在获取知识资源时所面临的不确定性和风险，促进知识特别是复杂的隐性知识的转移与应用[167]。研究证明，除了员工与组织之间的信任和分享，员工之间的关系对创新行为也有影响，当员工在实际工作中面临困难时，其他同事如果能够分享自己的专业知识和经验，则可以给他带来帮助和支持。而且同事的帮助和激励可以给他带来信心，鼓励他将自己的想法付诸行动[168]。也就是说，组织的支持和同事的帮助，都对员工的创新行为有显著的正向影响[169]。综上，本书提出以下假设：

H9：心理契约和关系嵌入在员工帮助计划和员工创新行为之间发挥链式中介作用。

共包括 2 个子假设：

H9a：心理契约和关系嵌入在成长培训服务和员工创新行为之间发挥链式中介作用。

H9b：心理契约和关系嵌入在心理咨询服务和员工创新行为之间发挥链式中介作用。

### 三、性别和组织任期的调节作用关系假设

性别是形成某一群体或关系的经常性基础。根据社会化理论的解释，由于不同的性别角色所承担的责任不同，因此，男女性别之间呈现出差异化[170]。性别差异会表现出两类不同性格，Eagly 等的调查显示，1946 ~ 2018 年，跨度长达 70 年的时间里女性在人际交往中的相对优势随着时间的推移而增强，而男性在人际交往中的相对优势则没有变化[171]。这也就是我们常说的女性和男性之间社会性和力量性的印象。一般来说，女性因为表现出对他人的关心、养育、自我奉献精神，提供帮助和在意别人情绪以及情感表达，容易被描绘成具有社会性。而男性因为表现出果断、目标导向、独立自主，容易被描绘成具有力量性[52]。因此，我们认为女性相比男性更愿意表达自己的情绪。

性别角色理论决定了女性比男性更乐于助人，也就是说，在相同的组织支持感下，女性员工会有更高的心理契约水平，会感知到更多的义务，而男性需要更多的组织支持感来支持其履行互惠交流的义务[172]。也有学者认为，男性组织成员对交易责任的认知明显高于女性组织成员，表明男性组织成员在发展机会和物质回报上的要求较高[173]。在实际咨询工作中也体现出了相同特点，从对在校大学生开展心理咨询服务的案例中可以发现，女生申请咨询的人数要多于男生[174]。

综上，本书提出以下假设：

H10：性别在心理咨询服务与心理契约之间起调节作用，女性在心理咨询服务对心理契约影响过程的调节作用强于男性。

组织任期指员工为某个特定组织工作的时间[175]。员工在组织内工作时间的长短是其对组织的认同，在某种程度上可以看作其对组织的情感。组织任期的长短会对员工的人际关系、工作满意度、组织公民行为等产生影响。组织

任期代表员工融入组织的紧密程度，新入职的员工与工作时间较长的员工相比，感受到的组织文化、组织氛围相对较少。可以说，组织任期短的员工的创新行为更多地受自身内在因素的影响。因此，组织为了进一步激发员工的创新意识，使员工的工作行为更符合组织期望与要求，就会加强对员工的培训和指导，发挥组织文化和组织氛围对员工行为的影响作用。随着员工在组织中工作年限增加，其在组织中获得的资源越多，想要离开组织找到更好的岗位的难度越高，所以其对组织的依赖程度越高，情感忠诚度越高。员工会随着在组织中工作时间的增加，对组织产生更多的感情，而不想离开组织[176]。同时，我国非常注重家文化，组织经常提倡和培养员工的家园意识，期望增加员工的组织归属感。而新员工入职后，随着工作时间的不断增加，员工与员工之间，员工与组织之间的熟悉程度不断增加，员工对组织的各种投入越来越多，为防止自己的累积性投资贬值，员工对组织的承诺会逐渐变高，更愿意留在组织工作。这种与组织的情感，会影响员工与组织和其他成员之间的关系。

另外，随着员工组织任期的增加，员工会对工作中的程序性知识累积得更多。这些员工会清楚地知道什么阶段有哪些工作，哪些环节更容易出问题。这些知识的积累会让员工在相关培训中更有目的地进行学习。同时，这些日积月累的知识也提升了员工的人力资本，为其分享隐性知识、帮助他人解决问题提供了能力基础和信心。

综上，本书提出以下假设：

H11：组织任期在成长培训服务与关系嵌入之间起到调节作用，组织任期长的员工在成长培训服务对关系嵌入影响过程中的调节作用强于组织任期短的员工。

综合以上，本书提出的所有研究假设汇总如表 3-10 所示。

表 3-10    研究假设汇总表

| 序号 | 假设 |
| --- | --- |
| H1 | 员工帮助计划正向影响员工创新行为 |
| H1a | 成长培训服务正向影响员工创新行为 |
| H1b | 心理咨询服务正向影响员工创新行为 |
| H2 | 员工帮助计划正向影响心理契约 |
| H2a | 成长培训服务正向影响心理契约 |

续表

| 序号 | 假设 |
| --- | --- |
| H2b | 心理咨询服务正向影响心理契约 |
| H3 | 员工帮助计划正向影响关系嵌入 |
| H3a | 成长培训服务正向影响关系嵌入 |
| H3b | 心理咨询服务正向影响关系嵌入 |
| H4 | 心理契约正向影响员工创新行为 |
| H5 | 心理契约正向影响关系嵌入 |
| H6 | 关系嵌入正向影响员工创新行为 |
| H7 | 心理契约在员工帮助计划和员工创新行为之间发挥中介作用 |
| H7a | 心理契约在成长培训服务和员工创新行为之间发挥中介作用 |
| H7b | 心理契约在心理咨询服务和员工创新行为之间发挥中介作用 |
| H8 | 关系嵌入在员工帮助计划和员工创新行为之间发挥中介作用 |
| H8a | 关系嵌入在成长培训服务和员工创新行为之间发挥中介作用 |
| H8b | 关系嵌入在心理咨询服务和员工创新行为之间发挥中介作用 |
| H9 | 心理契约和关系嵌入在员工帮助计划和员工创新行为之间发挥链式中介作用 |
| H9a | 心理契约和关系嵌入在成长培训服务和员工创新行为之间发挥链式中介作用 |
| H9b | 心理契约和关系嵌入在心理咨询服务和员工创新行为之间发挥链式中介作用 |
| H10 | 性别在心理咨询服务与心理契约之间起调节作用，女性在心理咨询服务对心理契约影响过程的调节作用强于男性 |
| H11 | 组织任期在成长培训服务与关系嵌入之间起到调节作用，组织任期长的员工在成长培训服务对关系嵌入影响过程中的调节作用强于组织任期短的员工 |

本书在采用扎根理论编码分析结果的基础上，结合现有的研究成果和相关文献，共提出 17 条研究假设。从以上研究假设的提出可以发现：

（1）研究假设的设计体现了本书的研究过程。本书首先探索员工帮助计划的内容维度，其次讨论员工帮助计划对员工创新行为的直接影响，再次讨论心理契约、关系嵌入在员工帮助计划对员工创新行为影响中的中介作用，最后讨论性别和组织任期的调节作用。可以看出，研究假设提出的顺序与研究过程是一致的。

（2）研究假设是简单单一的。虽然本书涉及直接关系的研究假设、中介关系的研究假设、调节关系的研究假设，但提出的每个假设命题均只讨论单一的关系，不存在交叉或有歧义的假设命题。

（3）研究假设的表述简明无疑义。本书中关于中介作用和调节作用的假设涉及多个变量，在进行假设表述时，研究人员体现了可检验性和简明性，确保假设形式清楚、表述简明。

（4）研究假设可以用实证进行检验。研究假设的提出是准确发现问题的过程之一，是必须要经过实践检验的。本书提出的所有假设均是可以使用实证数据进行检验的。

（5）研究假设的提出是有科学依据的。虽然本书的研究主题在国内的相关实证研究还不够丰富，但研究假设的提出并不是主观臆断，而是在程序化扎根理论编码分析结果和已有的研究理论或成果基础上提出的，有科学知识和理论作为依据。

# 本章小结

本章围绕员工帮助计划对员工创新行为影响机制这一主题，通过程序化扎根理论进行了探索性研究。

第一，介绍了研究设计。本书对使用的研究方法和研究思路进行了简要介绍，清晰展现整个研究流程。

第二，进行了数据收集。根据程序化扎根理论的要求和规范，本研究共选取了 11 位访谈对象进行个人深度访谈，访谈记录作为一手数据，并将国际论坛主旨发言资料、员工帮助计划活动宣传图片、相关文献等资料作为二手数据。一手数据和二手数据共同作为本书的原始研究资料。

第三，进行了数据分析。运用程序化扎根理论研究方法对原始研究资料进行了三级编码分析，凝练出 60 个初始概念、10 个初始范畴、10 个副范畴、6 个主范畴，抽取"故事线"，探索各个范畴之间的潜在典型关系。

第四，进行了理论饱和度检验并构建本研究的理论模型框架。结合"S-R""S-O-R"模型研究范式，构建了员工帮助计划对员工创新行为影响的理论模型框架。

并且，本章还提出了本书的关系假设。

首先，本书根据对原始研究资料的数据分析，结合现有相关理论、文献提出了研究假设，包括员工帮助计划对员工创新行为直接作用的关系假设、心理契约和关系嵌入在员工帮助计划与员工创新行为之间中介作用的关系假设和性别在心理咨询服务与心理契约关系中调节作用的关系假设，组织任期在成长培训服务与关系嵌入中调节作用的关系假设。

其次，将所提出的研究假设进行归纳整理，并构建了员工帮助计划对员工创新行为影响的关系假设模型，从而为下文实证研究分析工作奠定了基础。

# 第四章　员工帮助计划量表开发与数据收集

本章将在上一章提出的理论模型以及研究假设基础上，详细描述对变量的定义与测量、量表的开发、调查问卷的设计与数据收集，为本书后续的实证研究做好准备工作。

## 第一节　变量的定义与测量

测量的变量包括员工帮助计划（成长培训服务和心理咨询服务）、心理契约、关系嵌入、员工创新行为、性别、组织任期。

### 一、员工帮助计划

关于学术界对员工帮助计划的定义，本书在第二章已经进行了阐述，本书认为员工帮助计划是组织为员工及家属提供的福利，旨在通过为员工提供系统的培训、辅导、咨询服务，促进员工的身心健康，进而达到提高员工满意度和组织绩效的目的。

随着员工帮助计划的成熟和发展，其内涵越来越丰富，不同的学者将其服务范围进行了不同划分：国际 EAP 组织将其分为电话服务、面对面咨询、网络援助、EAP 培训、管理援助、危急事件及压力管理、其他服务[1]；林桂碧将其分为心理智商辅导类、教育成长训练类、休闲娱乐类、医疗保健类以及福利服务类[177]；张西超将其分为工作面、生活面和健康面[2]。借鉴前人的研究成果，经过企业访谈、专家反馈，本书按照服务内容进行维度划分，根据程序化扎根理论的编码分析结果，主要从成长培训服务和心理咨询服务两个维度进行测量。

---

① https://www.eapassn.org/.

## 二、心理契约

学者们在对心理契约进行定义的时候主要分为两个流派。一个流派的学者认为，心理契约的主体有个体和组织两个方面。如 Levinson 等[77]，Kotter[78]和国内的陈加洲等[79]。另一个流派的学者认为，组织是由很多个体组成的，很难测量，因此把心理契约统称为个体对交换关系的主观理解，也就是将心理契约的界定立足于"个体"的层面，这一流派的学者主要有 Rousseau[80]，Robinson 和 Morrison[140]，李原[81]。目前在实证研究中，采用单一主体的研究更多。本书也使用单一主体作为研究视角，即认为心理契约是组织与员工的相互关系中，员工个体感知到的自己的责任与义务。

自从心理契约的概念被提出后，学者们对心理契约的内容开展了大量研究。但和心理契约的概念界定的情况相同，关于心理契约的内容，学者们也没有达成共识。心理契约的内容可能包括成千上万条条目[78]，全部罗列出来不可能，也不现实。但研究者们根据内容的不同，将心理契约分为不同维度进行研究。

### （一）二维结构维度

二维结构维度最早由 Macneil 提出，他将心理契约分为交易和关系两个成分[178]。Rousseau 通过实证分析，验证了心理契约存在交易契约和关系契约的二维结构模型[80]。其中，交易维度主要涉及工作报酬、工作资源等具体的物质条件和经济利益。关系维度主要涉及工作保障、个人发展等相对长期的、广泛的发展。随后 Rousseau 又多次对该结果进行验证，认为交易维度和关系维度比较稳定。陈加洲等通过对我国员工进行实证发现，心理契约也存在两个维度，他根据我国文化的差异，认为我国员工的心理契约内容有所不同，将这两个维度分别命名为"现实因子"和"发展因子"[79]。

### （二）三维结构维度

一些学者在二维结构的基础上，提出了心理契约的三维结构。Rousseau 在实证研究的时候发现，当强调人际关系和团队协作时，心理契约有三个维度。Rousseau 将其命名为交易维度、关系维度和团队维度。其中，关系维度和团队维度是在二维结构中的关系维度中分离出来的。团队维度主要强调员工和组织之间的人际关系及人文关怀。Tinsley 等在进行实证对比研究的时候发现，心理契约是由交易因素、关系因素和团队成员因素三个维度构成的[179]。Dabos

和 Rousseau 在心理契约清单的基础上改编得到交易型、关系型和平衡型三个维度的心理契约量表。对来自拉美地区的 16 所生物科学研究中心的研究导师及其下属进行了调查[180]。国内也有部分学者认为，我国文化背景下的员工心理契约分为规范型、人际型和发展型三个维度更合理[181]。Shapiro 和 Kessler 的研究将心理契约分为交易维度、关系维度和培训维度[182]。在三维结构的相关研究中，虽然没有一致的结论，但主要差异在第三个维度上，关于交易型和关系型两个维度的争议不大。第三个维度主要是从关系型维度分离出来的一个维度，不论是团队成员因素、培训因素，还是平衡型维度，其实都反映了员工对在组织中的成长的重视程度。

学者们关于心理契约维度和内容的研究远不止二维结构和三维结构，还有其他很多丰富的研究。但目前并没有一致的结论。大部分实证研究主要采用二维结构和三维结构。李原通过调查研究发现，对于我国的员工来说，三维结构的心理契约比二维结构的心理契约解释得更合理。因此，本书也将使用三维结构的心理契约，三个维度分别是交易型心理契约、关系型心理契约和发展型心理契约。

### 三、关系嵌入

关系嵌入是成员之间的非正式网络，成员与网络中的其他成员通过信任、信息共享等获取共同成长进步。Gulati 和 Gargiulo 认为，关系嵌入是成员间持续性合作所产生的联结效用，成员之间互相学习对方并了解对方是否可以信赖[105]。Simsek 等认为，关系嵌入是组织在考虑自身发展和需求时，同时考虑对方的发展和需求，并表现出来的信任、规范等行为[106]。本书认为，关系嵌入是成员在组织中互相沟通、帮助、共同解决问题的关系和行为。

关于关系嵌入的测量，不同的学者从不同的角度进行了研究划分，但大多数是在 Granovetter 和 Uzzi 两位学者的划分方法基础之上进行的。Granovetter 通过投入时间、情感强度、亲密性和互惠服务把关系嵌入分为强联结和弱联结。他认为网络成员或个体间互动频率越高、感情强度越大、关系越亲密、互惠交换越多则联结越强，称为强联结，反之是弱联结[101]。Uzzi 认为，关系嵌入由信任、优质信息共享、共同解决问题三个维度组成。信任是关系嵌入的重要关键，是相信对方不会利用自己而获取利益；优质信息共享是双方都愿意共享自己的知识，无论是显性的还是隐性的知识；共同解决问题是双方愿意共同努力一起解决合作中遇到的问题，从而促进效率的提升和共同进步[103]。Chulsoon 认为，随着网络中成员的增加，关系嵌入也在逐步演化，主要包括关系广度和关系强度[183]。其中，关系广度主要指与网络中其他成员建立的联系，关系强度主要指合作企业间联系的不断加深。

借鉴前人的研究成果和程序化扎根理论的编码分析结果，本书将关系嵌入分为两个维度，主要从嵌入广度和嵌入质量两个方面进行测量。

## 四、员工创新行为

Hurt 等将员工创新行为定义为员工想通过创新对个体进行改变的意图[48]。Scott 和 Bruce 认为，员工创新行为开始于员工个体对问题有了新的认知和定义，然后寻求他人来帮助和支持创意或新想法，并将创新想法付诸实践，建立创新原型或模型，最终促成商品化生产或服务等一系列复杂过程[8]。Kleysen 和 Street 认为，创新是一系列非连续活动组成的多个阶段，并将整个创新过程分为五个阶段，分别是寻找机会阶段、产生创意阶段、评估创意阶段、获得支持阶段以及应用阶段。在这五个不同的阶段中，会涉及不同的创新活动或创新行为，员工个体可以根据自己的主观意愿和能力随时参与到其中[49]。其他学者也认为，创新行为是由三种不同行为形式组成的过程，这个过程包括创意产生、创意推广和实现创意[9, 50]。学者们都认为创新行为是一个过程，从创新思想的产生到最后为组织带来收益，是一系列行为的组合。本书将创新行为定义为：在工作中产生创新想法，并为实现新想法而不断努力，将其付诸实践的过程。

关于创新行为的测量，客观测量和工作日志分析法测量由于数据难以获取和研究方法太烦琐，所以很少有学者使用，大多数学者都使用心理测量的方法进行创新行为的测量。虽然学者们从多个维度开发了量表，以证明创新行为是个多维度构念，但实证研究表明，多维度测量工具效果并不好。因此，现有的研究中，大多数学者还是采用单一维度进行测量，本书也采用单一维度对员工创新行为进行测量。

另外，性别和组织任期两个变量是人口统计学变量，由被试根据实际情况进行填写即可。

## 第二节　初始量表生成

### 一、方法选择

在开发量表的时候，研究人员可以遵循归纳法和演绎法对量表题项进行开发：归纳法是研究人员通过定性的方法去归纳总结研究需要测量的内容，同时结合现有的相关文献，最终产生测量指标；演绎法是研究人员经过对变量的理解，发展或者改变目前已有成熟量表的题项而进行的开发。为保证内容效度，本书对成长培训服务和心理咨询服务 2 个变量采用归纳法，对心理契约、关系嵌入、员工创新行为等变量采用演绎法。性别和组织任期 2 个变量由被试根据实际情况填写。

### 二、初始量表开发

（1）题项生成。本书根据原始研究资料及程序化扎根理论方法所形成的概念、范畴以及关系模型，加工整理自行开发出了员工帮助计划的测量初始题项；根据第三章程序化扎根理论编码分析结果和借鉴国内外已有相对成熟量表编写心理契约、关系嵌入、员工创新行为的测量初始题项。

（2）题项精简。主要是运用德尔菲法、专家访谈法和小样本测试的方法对生成的量表题项进行精简。

（3）题项净化。利用小样本测试收集到的数据，运用 SPSS22.0 和 AMOS23.0 统计分析软件，进行探索性因子分子和验证性因子分析，对精简后的量表题项进行进一步的净化。

（4）量表确定。不管是采用归纳法自行开发的员工帮助计划量表，还是采用演绎法借鉴已有量表开发的心理契约、关系嵌入、员工创新行为量表，都与本书利用程序化扎根理论三级编码分析得到的变量维度一致，这也是本书的研究内容延续性和研究过程科学性的一个重要体现。

#### （一）员工帮助计划的初始量表开发

员工帮助计划包括成长培训服务和心理咨询服务 2 个维度。作为本书发展出的新概念，没有现成量表可用，因此对员工帮助计划的测量是在第三章程序化扎根理论方法形成的员工帮助计划的初始概念、主副范畴等质性研究成果的基础上，自行开发的测量题项。新开发出来的员工帮助计划初始量表如表 4-1 所示。

表 4-1　员工帮助计划初始量表

| 变量 | 变量维度 | 测量要点 | 具体题项 |
|---|---|---|---|
| 员工帮助计划 | 成长培训服务 | 团队协作培训 | CD1 团队协作培训很有必要 |
| | | 领导力培训 | CD2 领导力培训很有必要 |
| | | 时间管理培训 | CD3 时间管理培训很有必要 |
| | | 心理学应用培训 | CD4 新员工心理调适培训很有必要 |
| | | 人际关系培训 | CD5 人际关系能力提升培训很有必要 |
| | | 沟通能力培训 | CD6 沟通能力培训很有必要 |
| | | 情绪管理培训 | CD7 情绪管理培训很有必要 |
| | 心理咨询服务 | 变革心理危机干预 | PC1 组织变革心理危机干预咨询服务很有必要 |
| | | 生涯发展咨询 | PC2 生涯发展咨询服务很有必要 |
| | | 突发事件后的心理干预 | PC3 突发事件后的心理干预很有必要 |
| | | 压力管理咨询 | PC4 压力管理咨询很有必要 |
| | | 情感咨询 | PC5 家庭婚姻情感咨询服务很有必要 |

根据程序化扎根理论的编码分析结果可知，员工帮助计划的服务内容主要包括成长培训服务和心理咨询服务 2 个方面。成长培训服务包括团队协作培训、领导力培训、时间管理培训、心理学应用培训、人际关系培训、沟通能力培训、情绪管理培训 7 个测量要点。因此，研究人员结合原始资料为每一个测量要点设置了一个测量题项，共有 7 个测量题项。心理咨询服务包括变革心理危机干预、生涯发展咨询、突发事件后的心理干预、压力管理咨询、情感咨询 5 个测量要点，研究人员结合原始资料为每一个测量要点设置了一个测量题项，共有 5 个测量题项。

**（二）心理契约初始量表开发**

根据程序化扎根理论分析结果，心理契约包含交换关系、互惠关系、发展关系三个维度，因此，本书将心理契约分为交易型心理契约、关系型心理契约和发展型心理契约三个维度。在目前已有的研究中，有成熟的量表可供使用，因此本书将结合程序化扎根理论编码结果对 Dabos 和 Rousseau[180]以及李原等[181]的量表进行修改和调整，以便更加符合本研究。本书将心理契约设置了9个测量题项，具体测量题项如表4-2所示。

表4-2　心理契约初始量表

| 变量 | 变量维度 | 测量要点 | 具体题项 |
| --- | --- | --- | --- |
| 心理契约 | 交易型心理契约 | 工作报酬 | OT1 我只是为了得到工作报酬而进行相应的工作 |
| | | 工作责任 | OT2 我只履行有限的工作责任 |
| | | 未来承诺 | OT3 我没有向公司就未来的工作做出任何承诺 |
| | 关系型心理契约 | 工作氛围 | OR1 我愿意为周围的同事提供额外的帮助 |
| | | 忠诚度 | OR2 我愿意忠于公司，并维护其形象 |
| | | 晋升机会 | OR3 我愿意努力工作，以得到晋升的机会 |
| | 发展型心理契约 | 提升自己的业务水平 | OB1 我愿意为了适应工作要求去学习新技能 |
| | | 自愿承担角色外工作任务 | OB2 我愿意完成职责以外的其他工作 |
| | | 接受工作调整 | OB3 我能够接受工作调动 |

**（三）关系嵌入初始量表开发**

根据第三章程序化扎根理论方法的编码结果，本书将关系嵌入分为嵌入广度和嵌入质量两个维度。在目前已有的研究中，有成熟的量表可供使用，因此本书将结合程序化扎根理论编码结果对已有的成熟量表测量题项进行修改和调整，以便更加符合本书。量表主要借鉴了吴晓波等[114]、许冠南[184]、李志远[118]等的量表，对本书关系嵌入的两个维度设置了7个测量题项，具体测量题项如表4-3所示。

表4-3　关系嵌入初始量表

| 变量 | 变量维度 | 测量要点 | 具体题项 |
| --- | --- | --- | --- |
| 关系嵌入 | 嵌入广度 | 共同讨论问题 | ES1 我和同事之间定期讨论工作问题 |
| | | 信息交换 | ES2 我和同事之间信息交流频繁且范围广泛 |
| | | 与同事的熟悉程度 | ES3 我和同事之间非常熟悉并彼此了解 |
| | | 与领导的熟悉程度 | ES4 我和部门领导之间非常熟悉并彼此了解 |

续表

| 变量 | 变量维度 | 测量要点 | 具体题项 |
|------|---------|---------|---------|
| 关系嵌入 | 嵌入质量 | 信任 | EQ1 我和同事之间能够信守工作承诺 |
| | | 互惠 | EQ2 我和同事之间能相互提醒可能存在的问题和变化 |
| | | 共同解决问题 | EQ3 我和同事之间能互相帮助对方解决问题 |

### （四）员工创新行为初始量表开发

本书将员工创新行为作为单维度进行处理。在目前已有的研究中，有成熟的量表可供使用，现有的大多数研究还是采用 Scott 和 Bruce[8] 的量表，本书也采用该量表对员工创新行为进行测量，如表 4-4 所示。

表 4-4 员工创新行为初始量表

| 变量 | 变量维度 | 测量要点 | 具体题项 |
|------|---------|---------|---------|
| 员工创新行为 | 员工创新行为 | 主动寻求新方法 | EIB1 我经常主动使用新的技术和方法 |
| | | 提出新想法 | EIB2 我经常提出有创意的点子和想法 |
| | | 推销新想法 | EIB3 我经常与别人沟通并推销自己的新想法 |
| | | 争取资源 | EIB4 为了实现新想法我会想办法争取所需资源 |
| | | 有合理的规划 | EIB5 我会制定合适的规划去努力实现新想法 |
| | | 总体评价 | EIB6 总的来说我是一个具有创新精神的人 |

# 第三节 正式量表形成

根据量表开发的规范和步骤，在正式量表确定前，研究人员要通过定性和定量相结合的方法，对初始量表的测量题项进行认真斟酌和净化。

## 一、题项精简

为了确保被调查者能够快速、准确地理解量表的内容，研究人员采用德尔菲法和访谈法对量表进行了修正。

一是运用德尔菲法优化量表。具体的做法是将量表发送给本研究领域内的专家，征询专家的意见。根据专家的意见进行整理和修改，再分别匿名反馈给上述专家进行二次征询，然后进行整理和修改，如此反复直到所有专家的意见达成统一为止。本书联系了管理学领域的 3 名教授，将初始量表分别发送给各位教授，并介绍了研究的目的、内容、理论模型框架等，邀请 3 名教授对量表的内容和具体题项表述发表意见，然后将 3 名教授反馈的意见和建议进行归纳整理，对量表进行了调整和修改。再将修改后的量表发给以上专家，最终专家的意见基本达成一致。使量表题项更具科学性和系统性。

二是邀请企业相关管理人员对量表的内容和题项进行了修正，去除无用题项，修改不合理、有歧义的题项。

经过以上两轮工作后，本书对量表中的测量题项进行了以下调整：删除了量表中的意思重复或者相近的测量题项。如题项"CD5 人际关系能力提升培训很有必要"和"CD6 沟通能力培训很有必要"在实际培训中，经常放在同一主题内进行，因此删除 CD6 题项；题项"CD2 领导力培训很有必要"一般都包含在其他相关培训中，因此予以删除。题项"ES3 我和同事之间非常熟悉并彼此了解"和"ES4 我和部门领导之间非常熟悉并彼此了解"有包含关系，因此删除题项 ES4。

经过对测量题项的反复斟酌、修正和调整，最终形成了用于测量员工帮助计划对员工创新行为影响理论模型的初始量表，共包含 8 个测量变量，具体测量题项内容如表 4-5 所示。

表 4-5　初始量表题项设置

| 变量 | 编码 | 具体题项 |
|---|---|---|
| 成长培训服务 | CD1 | 公司提供的团队协作培训很有必要 |
| | CD2 | 公司提供的人际关系能力提升培训很有必要 |
| | CD3 | 公司提供的时间管理培训很有必要 |
| | CD4 | 公司提供的情绪管理培训很有必要 |
| | CD5 | 公司提供的新员工心理调适培训很有必要 |
| 心理咨询服务 | PC1 | 公司提供的组织变革心理危机干预咨询服务很有必要 |
| | PC2 | 公司提供的家庭婚姻情感咨询服务很有必要 |
| | PC3 | 公司提供的生涯发展咨询服务很有必要 |
| | PC4 | 公司提供的突发事件后的心理干预很有必要 |
| | PC5 | 公司提供的压力管理咨询很有必要 |

续表

| 变量 | 编码 | 具体题项 |
|------|------|----------|
| 交易型心理契约 | OT1 | 我只是为了得到工作报酬而进行相应的工作 |
| | OT2 | 我只履行有限的工作责任 |
| | OT3 | 我没有向公司就未来的工作做出任何承诺 |
| 关系型心理契约 | OR1 | 我愿意为周围的同事提供额外的帮助 |
| | OR2 | 我愿意忠于公司，并维护其形象 |
| | OR3 | 我愿意努力工作，以得到晋升的机会 |
| 发展型心理契约 | OB1 | 我可以在工作需要时自愿加班 |
| | OB2 | 我愿意完成职责以外的其他工作 |
| | OB3 | 我能够接受工作调动 |
| 嵌入广度 | ES1 | 我和同事之间定期讨论工作问题 |
| | ES2 | 我和同事之间信息交流频繁且范围广泛 |
| | ES3 | 我和同事之间非常熟悉并彼此了解 |
| 嵌入质量 | EQ1 | 我和同事之间能够信守工作承诺 |
| | EQ2 | 我和同事之间能相互提醒可能存在的问题和变化 |
| | EQ3 | 我和同事之间能互相帮助对方解决问题 |
| 员工创新行为 | EIB1 | 我经常主动使用新的技术和方法 |
| | EIB2 | 我经常提出有创意的点子和想法 |
| | EIB3 | 我经常与别人沟通并推销自己的新想法 |
| | EIB4 | 为了实现新想法我会想办法争取所需资源 |
| | EIB5 | 我会制定合适的规划去努力实现新想法 |
| | EIB6 | 总的来说我是一个具有创新精神的人 |

## 二、题项净化

题项净化是通过小样本测试，运用收集到的数据，进行探索性因子分析和验证性因子分析，以达到题项净化的目的。

### （一）小样本数据收集

本书通过联系已开展员工帮助计划服务的公司员工，采用网络发放问卷的形式，开展了小样本数据收集。本书小样本预测试问卷共发放 100 份，回收问卷 94 份，有效问卷 94 份。具体预测试样本概况如表 4-6 所示。

表 4-6　预测试样本基本情况

| 人口统计学变量 | 类别 | 人数 | 百分比（%） |
|---|---|---|---|
| 性别 | 男 | 39 | 41.49% |
| | 女 | 55 | 58.51% |
| 年龄 | 25 岁及以下 | 10 | 10.64% |
| | 26 ～ 35 岁 | 48 | 51.06% |
| | 36 ～ 45 岁 | 35 | 37.23% |
| | 46 岁及以上 | 1 | 1.06% |
| 婚姻状况 | 未婚 | 69 | 73.40% |
| | 已婚 | 25 | 26.60% |
| 学历 | 专科及以下 | 25 | 26.60% |
| | 本科 | 63 | 67.02% |
| | 研究生及以上 | 6 | 6.38% |
| 工作年限 | 5 年以下 | 31 | 32.98% |
| | 5 ～ 10 年 | 35 | 37.23% |
| | 10 年以上 | 28 | 29.79% |

**（二）探索性因子分析**

在进行探索性因子分析之前，先要检验量表是否适合做因子分析。一般采用 Bartlett 检验和 KMO 检验进行鉴定。本书利用 SPSS 22.0 统计分析软件对收集到的小样本数据进行了 Bartlett 检验和 KMO 检验。具体检验结果如表 4-7 所示。

表 4-7　KMO 和 Bartlett 的检验

| 项目 | | 数值 |
|---|---|---|
| Kaiser-Meyer-Olkin 测量取样适当性 | | 0.820 |
| Bartlett 球形检验 | 卡方 | 2240.852 |
| | df | 465 |
| | 显著性 | 0.000 |

从表 4-7 可以看出，Bartlett 球形检验中卡方统计值为 2240.852，df 值为 465，Sig. 值 <0.05；KMO 值 >0.8，根据 KMO 值的判断标准，当 KMO>0.6 时，表示量表可以进行因子分析，当 KMO>0.8 时，表示量表非常适合进行因子分析[185]。由此可以确定，员工帮助计划对员工创新行为的影响模型中的各变量的测量题项满足进行探索性因子分析的要求。

采用 SPSS 22.0 统计分析软件对数据进行因子分析后，题项 EIB5 在两个因子上得分几乎相同，因此去掉，最终剩余 30 个题项。将最终的 30 个题项进行探索性因子分析，结果显示，30 个测量题项清晰地载荷在 8 个因子上。具体情况如表 4-8 所示。

从表 4-8 可以看出，各个因子中，同一题项的因子载荷值均大于 0.5，而且每一题项在其所属因子中只出现了一个大于 0.5 的题项，说明本书的量表具有很好的结构效度。通过探索性因子分析得到的 8 个因子的累计解释总方差为 73.044%，说明分析得到的各个因子对研究的问题具有较好的解释能力。探索性因子分析得到的单个因子方差贡献均小于 40%，说明该量表不会出现同源偏差情况[186]。各因子的 Cronbach's α 值均大于 0.7，说明各因子在量表中的不同题项之间的相关度较高，而且在删除单个题目后，量表的 Cronbach's α 值均有所下降，说明量表有较好的内部一致性[187]。

### （三）验证性因子分析

为了进一步检验 30 个测量题项的从属关系，本书在进行探索性因子分析的基础之上，又利用 94 个小样本测试数据进行了验证性因子分析。验证性因子分析可以帮助研究人员检验量表中的测量题项是否正确从属于前期所提取的变量，也可以检验维度是否存在从属错误的情况[188]。因此，本书根据探索性因子分析得到的结果，利用 AMOS 23.0 软件构建了员工帮助计划对员工创新行为影响的因子模型，并进行了验证性因子分析，因子模型的拟合指标和验证性因子分析结果如表 4-9 和表 4-10 所示。

从表 4-9 可以看出，本书的验证性因子模型的拟合程度较好，均符合参考指标要求。

从表 4-10 可以看出，各变量的组合信度（CR）值均大于 0.7，说明量表有较好的内部一致性[187]。同时，本书使用因素负荷量和平均变异数萃取值（AVE）两个指标来评估量表的收敛效度，可以看到各变量中题目的因素负荷

表 4-8　探索性因子分析结果

| 变量 | 题项 | 成分 | | | | | | | | 累计方差 | Cronbach's α |
|---|---|---|---|---|---|---|---|---|---|---|---|
| | | 1 | 2 | 3 | 4 | 5 | 6 | 7 | 8 | | |
| 成长培训服务 | CD1 | 0.715 | | | | | | | | 37.243 | 0.909 |
| | CD2 | 0.777 | | | | | | | | | |
| | CD3 | 0.784 | | | | | | | | | |
| | CD4 | 0.716 | | | | | | | | | |
| | CD5 | 0.750 | | | | | | | | | |
| 心理咨询服务 | PC1 | | 0.762 | | | | | | | 47.663 | 0.904 |
| | PC2 | | 0.713 | | | | | | | | |
| | PC3 | | 0.807 | | | | | | | | |
| | PC4 | | 0.813 | | | | | | | | |
| | PC5 | | 0.816 | | | | | | | | |
| 交易型心理契约 | OT1 | | | 0.882 | | | | | | 55.084 | 0.839 |
| | OT2 | | | 0.850 | | | | | | | |
| | OT3 | | | 0.848 | | | | | | | |
| 关系型心理契约 | OR1 | | | | 0.638 | | | | | 60.319 | 0.767 |
| | OR2 | | | | 0.696 | | | | | | |
| | OR3 | | | | 0.586 | | | | | | |

续表

| 变量 | 题项 | 成分 | | | | | | | | 累计方差 | Cronbach's α |
|------|------|---|---|---|---|---|---|---|---|----------|--------------|
| | | 1 | 2 | 3 | 4 | 5 | 6 | 7 | 8 | | |
| 发展型心理契约 | OB1 | | | | | 0.805 | | | | | |
| | OB2 | | | | | 0.753 | | | | 64.257 | 0.725 |
| | OB3 | | | | | 0.685 | | | | | |
| 嵌入广度 | ES1 | | | | | | 0.539 | | | | |
| | ES2 | | | | | | 0.644 | | | 67.384 | 0.800 |
| | ES3 | | | | | | 0.593 | | | | |
| 嵌入质量 | EQ1 | | | | | | | 0.681 | | | |
| | EQ2 | | | | | | | 0.748 | | 70.340 | 0.813 |
| | EQ3 | | | | | | | 0.781 | | | |
| 员工创新行为 | EIB1 | | | | | | | | 0.695 | | |
| | EIB2 | | | | | | | | 0.836 | | |
| | EIB3 | | | | | | | | 0.790 | 73.044 | 0.874 |
| | EIB4 | | | | | | | | 0.621 | | |
| | EIB6 | | | | | | | | 0.744 | | |

量均大于 0.6，平均变异数萃取值（AVE）的值均大于 0.5[187]，说明量表有较好的收敛效度。

表 4-9 模型拟合指标

| 模型拟合指标 | 临界值 | 指标值 | 模型拟合情况 |
|---|---|---|---|
| CMIN/DF（卡方比自由度） | <3 | 3.009 | 可以接受 |
| GFI（拟合优度指数） | >0.8 | 0.883 | 拟合很好 |
| AGFI（调和拟合优度指数） | >0.8 | 0.853 | 拟合很好 |
| CFI（比较拟合指数） | >0.9 | 0.931 | 拟合很好 |
| RMSEA（近似误差均方根） | <0.08 | 0.072 | 拟合很好 |

表 4-10 验证性因子分析结果

| 变量 | 因素负荷量 | 组合信度 CR | 平均变异数萃取值 AVE |
|---|---|---|---|
| 成长培训服务 | 0.722 ~ 0.858 | 0.911 | 0.673 |
| 心理咨询服务 | 0.713 ~ 0.872 | 0.900 | 0.644 |
| 交易型心理契约 | 0.821 ~ 0.849 | 0.871 | 0.692 |
| 关系型心理契约 | 0.638 ~ 0.870 | 0.805 | 0.583 |
| 发展型心理契约 | 0.630 ~ 0.822 | 0.788 | 0.556 |
| 嵌入广度 | 0.656 ~ 0.814 | 0.817 | 0.530 |
| 嵌入质量 | 0.681 ~ 0.875 | 0.894 | 0.630 |
| 员工创新行为 | 0.632 ~ 0.800 | 0.862 | 0.556 |

### 三、量表确定

经过初始量表生成、题项精简、题项净化等环节的工作，并利用统计分析软件对量表进行探索性因子分析和验证性因子分析可以发现，本书的量表信度和效度都较好。因此，将最终保留的 30 个测量题项进行重新编码，形成本研究的正式量表，具体内容如表 4-11 所示。

表 4-11　正式量表测量题项

| 变量 | 编码 | 具体题项 |
|---|---|---|
| 成长培训服务 | CD1 | 公司提供的团队协作培训很有必要 |
|  | CD2 | 公司提供的人际关系能力提升培训很有必要 |
|  | CD3 | 公司提供的时间管理培训很有必要 |
|  | CD4 | 公司提供的情绪管理培训很有必要 |
|  | CD5 | 公司提供的新员工心理调适培训很有必要 |
| 心理咨询服务 | PC1 | 公司提供的组织变革心理危机干预咨询服务很有必要 |
|  | PC2 | 公司提供的家庭婚姻情感咨询服务很有必要 |
|  | PC3 | 公司提供的生涯发展咨询服务很有必要 |
|  | PC4 | 公司提供的突发事件后的心理干预很有必要 |
|  | PC5 | 公司提供的压力管理咨询很有必要 |
| 交易型心理契约 | OT1 | 我只是为了得到工作报酬而进行相应的工作 |
|  | OT2 | 我只履行有限的工作责任 |
|  | OT3 | 我没有向公司就未来的工作做出任何承诺 |
| 关系型心理契约 | OR1 | 我愿意为周围的同事提供额外的帮助 |
|  | OR2 | 我愿意忠于公司，并维护其形象 |
|  | OR3 | 我愿意努力工作，以得到晋升的机会 |
| 发展型心理契约 | OB1 | 我可以在工作需要时自愿加班 |
|  | OB2 | 我愿意完成职责以外的其他工作 |
|  | OB3 | 我能够接受工作调动 |
| 嵌入广度 | ES1 | 我和同事之间定期讨论工作问题 |
|  | ES2 | 我和同事之间信息交流频繁且范围广泛 |
|  | ES3 | 我和同事之间非常熟悉并彼此了解 |
| 嵌入质量 | EQ1 | 我和同事之间能够信守工作承诺 |
|  | EQ2 | 我和同事之间能相互提醒可能存在的问题和变化 |
|  | EQ3 | 我和同事之间能互相帮助对方解决问题 |
| 员工创新行为 | EIB1 | 我主动寻求应用新的技术和方法 |
|  | EIB2 | 我经常提出有创意的点子和想法 |
|  | EIB3 | 我经常与别人沟通并推销自己的新想法 |
|  | EIB4 | 为了实现新想法想办法争取所需资源 |
|  | EIB5 | 整体而言我是一个具有创新精神的人 |

# 第四节　样本数据收集

## 一、问卷构成

为了体现问卷的科学性和易操作性，最终的调查问卷包括总体介绍部分、背景题项部分和主体题项测量部分，详细情况见附录 2。

（1）总体介绍部分。这一部分主要是介绍了本次调查的目的、填写要求、隐私保护说明和致谢。

（2）背景题项部分。这一部分主要是了解被调查者的基本情况。主要包括性别、年龄、婚姻状况、学历教育、组织任期的情况。

（3）主体题项测量部分。主要是本书各个变量的测量题项。测量题项的顺序按照自变量、中介变量到因变量的顺序进行排列。首先是员工帮助计划的测量题项，其次是心理契约和关系嵌入的测量题项，最后是员工创新行为的测量题项。由于调节变量的性别和组织任期根据员工实际情况填写即可，为了不给被调查者造成理解上的误解，调节变量放在背景题项部分填写，而没有放入主体题项测量部分填写。主体题项测量均采用 Likert5 点量表的形式，其中，1 分代表"非常不同意"，5 分代表"非常同意"。

## 二、数据收集

本书的正式调查对象为所在组织已经引入员工帮助计划项目的员工。为了获得有效的数据样本，研究者选取了宁夏、陕西、甘肃、青海、新疆 5 省份通信公司员工进行调查，调查时间为 2018 年 6 月至 2019 年 3 月。主要通过网络和实地两种方式进行调查。

（1）电子问卷。联系确认该公司引入员工帮助计划后，经熟人介绍，联系内部员工，在告知对方保密原则和填写注意事项后，由内部员工将电子问卷发放给同事进行填写。

（2）现场调查。调查前先与企业负责人联系，在确认该公司引入员工帮助计划服务后，告知问卷的内容和填写细则，征得负责人同意，由调查小组工作人员邀请部门员工进行现场问卷填写。

本书共发放问卷 700 份，收回 527 份，回收率 75.3%。根据以下原则对问卷进行筛选：①单个样本数据缺失率≥30%不采用。②题目选项呈有规律分布的样本不采用。③线上答题时间过短的样本不采用。最终得到有效问卷402份。其中，受调查的员工中男性占37.81%，女性占62.19%；25岁及以下员工占24.88%，26~35岁员工占47.26%，36~45岁员工占25.87%，46岁及以上员工占1.99%；未婚员工占61.69%，已婚员工占38.31%；专科及以下学历员工占35.32%，本科学历员工占55.22%，研究生及以上员工占9.45%；工作年限5年以下的员工占46.77%，5~10年的员工占26.87%，10年以上的员工占26.37%。具体情况如表4-12所示。

表4-12 样本的基本特征描述

| 人口统计学变量 | 类别 | 人数 | 百分比（%） |
|---|---|---|---|
| 性别 | 男 | 152 | 37.81 |
| | 女 | 250 | 62.19 |
| 年龄 | 25岁及以下 | 100 | 24.88 |
| | 26~35岁 | 190 | 47.26 |
| | 36~45岁 | 104 | 25.87 |
| | 46岁及以上 | 8 | 1.99 |
| 婚姻状况 | 未婚 | 248 | 61.69 |
| | 已婚 | 154 | 38.31 |
| 学历 | 专科及以下 | 142 | 35.32 |
| | 本科 | 222 | 55.22 |
| | 研究生及以上 | 38 | 9.45 |
| 工作年限 | 5年以下 | 188 | 46.77 |
| | 5~10年 | 108 | 26.87 |
| | 10年以上 | 106 | 26.37 |

# 本章小结

本章基于构建的理论模型和提出的研究假设，对量表进行了开发，设计了调查问卷，收集了调研数据。

首先，开发量表，在程序化扎根理论编码分析结果和借鉴已有成熟量表的基础上，本书确定了各个变量的测量题项，形成了初始量表。通过德尔菲法和访谈法对初始量表中的题项进行了精简。利用小样本测试收集到的数据，运用统计分析软件对小样本数据进行探索性因子分析和验证性因子分析，对量表中的题项进行了净化，最终形成了本研究的正式量表。

其次，设计了本书的正式调查问卷。正式调查问卷包括总体介绍、背景题项、主体测量3个部分，主体测量题项均采用李克特（Likert）5分量表。

最后，收集了正式调查的研究数据，为第五章的实证分析工作奠定了扎实的基础。

# 第五章　员工帮助计划对员工创新
# 　　　　行为影响机制的实证分析

在这一章中，主要要对构建的理论模型、提出的研究假设进行大样本实证检验。首先，要对收集到的大样本数据进行描述性统计分析和相关性分析等基本统计描述；其次，要对量表的信度、效度和同源偏差进行检验；再次，利用统计分析软件对本研究提出的直接作用关系、中介作用关系和调节作用关系研究假设进行检验；最后，得出研究假设检验的总体结论。

## 第一节　数据分析方法

结构方程模型（Structure Equation Modeling，SEM）是应用线性方程系统表示观测变量与潜变量之间，以及潜变量之间关系的一种统计方法[189]。它是融合了因素分析和路径分析的多元统计技术，由于它将测量模型和结构模型进行了很好的结合，因此成为当前管理学、社会学、心理学等领域研究的重要方法[190]。结构方程模型与传统统计方法相比，有以下优势：

（1）结构方程模型允许回归方程中的自变量含有测量误差。在传统的计量模型当中，自变量一般都是没有观测误差的可以直接观测的变量。但是在社会科学领域中，有很多自变量是无法进行直接观测的。那么，结构方程模型将测量误差纳入模型中，就增加了对实际问题的解释性。

（2）可以同时处理多于一个的因变量。传统的计量模型通常情况下只有一个因变量。但是在实际的社会科学研究当中，因变量通常不只是一个，而是多个。结构方程模型允许多个因变量存在，这大大增强了模型的有效性。

（3）在同一个模型中，既可以处理变量的测量，又可以进行变量的结构分析。传统的统计方法一般是需要将变量的测量和变量之间的结构分析分别进行。通常情况下先进行变量测量评估，待变量测量通过评估后，再进行结构分析。而在结构方程模型中，变量的测量和变量之间的结构分析可以同时放入一个模型中进行分析。

（4）可以设定更有弹性的模型。传统的计量模型会有很多限制条件，比如一个指标不能同时从属于多个变量。但在结构方程模型中，同一指标可以从属多个变量[189]。因此，当自变量和因变量都不能进行准确测量时，传统的统计方法无法估计变量之间的关系，而结构方程模型可以提供更好的解决办法[191]。

结构方程模型通常包括三个矩阵方程式：

$$x = \Lambda x \xi + \delta \tag{5-1}$$

$$y = \Lambda y \eta + \varepsilon \tag{5-2}$$

$$\eta = B\eta + \Gamma\xi + \zeta \tag{5-3}$$

其中，方程式（5-1）和式（5-2）被称作测量模型，方程式（5-3）被称作结构模型，方程中各变量含义如下：x 代表外生观测变量向量，$\xi$ 代表外生潜变量向量，$\Lambda x$ 代表外生观测变量与外生潜变量之间的关系，是外生观测变量在外生潜变量上的因子载荷矩阵，$\delta$ 代表外生变量的误差项向量。y 代表内生观测变量向量，$\eta$ 代表内生潜变量向量，$\Lambda y$ 代表内生观测变量与内生潜变量之间的关系，是内生观测变量在内生潜变量上的因子载荷矩阵，$\varepsilon$ 代表内生变量的误差项向量。B 和 $\Gamma$ 都是路径系数，B 代表内生潜变量之间的关系，$\Gamma$ 则代表外生潜变量对于内生潜变量值的影响，$\zeta$ 代表结构方程的误差项。

结构方程模型分析的过程是以上方程组拟合的过程。分析过程一般包含四个主要步骤：

第一步，模型设定。也就是在估计模型之前，研究人员要先根据前期做的理论分析或者前人做的研究成果初步设定理论模型。也就是初步拟定式（5-1）~式（5-3）。同时，需要对方程式中的系数进行相应设置。

第二步，模型识别。研究人员所设定的模型能够对准备估计的参数进行求解。在某些情况下，研究人员设定的模型可能会出现不能识别的情况，也就是方程式太少，而待解的系数太多。

第三步，模型估计。也就是对设定的参数进行计算。模型的参数估计方法有多种，但大多数情况下采用最大似然法和广义最小二乘法进行参数估计。

第四步，模型评价与修正。在对模型进行估计后，研究人员须对模型的整体拟合效果和单一参数的估计值进行评价。如果模型的拟合效果不好，可以对模型进行修正以提高模型拟合效果。

# 第二节　基本统计分析

## 一、描述性统计分析

描述性统计分析是对实证收集的数据进行统计性描述，以便掌握样本数据的基本特征。为了准确地了解收集到的样本数据的基本情况，研究人员从样本的均值、标准差、方差、偏度、峰度五个方面进行了描述性统计。其中，均值描述的是样本数据的集中趋势，主要反映样本数据中各变量取值的集中情况；方差和标准差描述的是样本数据的离散程度，主要反映样本数据中各变量间的差异状况；偏度和峰度描述的是样本数据分布的偏态程度或正态程度的起伏状况，主要反映的是样本数据中各变量取值分布形态的对称性。本书利用SPSS 22.0 统计分析软件对 402 个样本数据进行统计分析，分别计算得出各变量的均值、标准差、方差、偏度和峰度，具体分析结果如表 5-1 所示。

表 5-1　描述性统计分析结果

| | 有效样本数 | 均值 | 标准差 | 方差 | 偏度 | 峰度 |
|---|---|---|---|---|---|---|
| 性别 | 402 | 1.622 | 0.486 | 0.236 | −0.505 | −1.754 |
| 年龄 | 402 | 2.050 | 0.766 | 0.586 | 0.184 | −0.650 |
| 婚姻状况 | 402 | 1.383 | 0.487 | 0.237 | 0.483 | −1.776 |
| 学历 | 402 | 1.741 | 0.618 | 0.382 | 0.231 | −0.604 |
| 组织任期 | 402 | 1.796 | 0.832 | 0.691 | 0.397 | −1.443 |
| 成长培训服务 | 402 | 3.703 | 0.915 | 0.837 | −0.805 | 0.726 |
| 心理咨询服务 | 402 | 3.462 | 0.938 | 0.881 | −0.489 | −0.074 |
| 交易型心理契约 | 402 | 3.106 | 1.107 | 1.226 | −0.141 | −0.932 |
| 关系型心理契约 | 402 | 3.661 | 0.837 | 0.701 | −0.663 | 0.466 |
| 发展型心理契约 | 402 | 3.885 | 0.839 | 0.704 | −0.861 | 0.960 |
| 嵌入广度 | 402 | 3.960 | 0.804 | 0.647 | −0.896 | 0.953 |
| 嵌入质量 | 402 | 4.096 | 0.739 | 0.546 | −1.011 | 1.508 |
| 员工创新行为 | 402 | 3.830 | 0.715 | 0.511 | −0.273 | −0.299 |

从表5-1可以看出，各变量数值分布均比较均衡，标准差大多在0.486～1.107，说明样本数据的离散程度较小，偏度绝对值最大为1.011，峰度绝对值最大为1.776。这些指标说明本书获得的样本数据正态分布情况较好，可以用于后续的实证分析。

## 二、相关性分析

为了进行相关性检验，本书采用皮尔森相关系数来检验性别、年龄、婚姻状况、学历、组织任期、成长培训服务、心理咨询服务、交易型心理契约、关系型心理契约、发展型心理契约、嵌入广度、嵌入质量、员工创新行为之间的相关程度。从表5-2可以看出成长培训服务与其他变量均呈显著正相关关系。其中，与心理咨询服务显著正相关（相关系数为0.791，p<0.01），与交易型心理契约显著正相关（相关系数为0.168，p<0.01），与关系型心理契约显著正相关（相关系数为0.643，p<0.01），与发展型心理契约显著正相关（相关系数为0.264，p<0.01），与嵌入广度显著正相关（相关系数为0.486，p<0.01），与嵌入质量显著正相关（相关系数为0.447，p<0.01），与员工创新性行为显著正相关（相关系数为0.455，p<0.01）。

心理咨询服务与其他变量均呈显著正相关关系。其中，心理咨询服务与交易型心理契约显著正相关（相关系数为0.127，p<0.05），与关系型心理契约显著正相关（相关系数为0.625，p<0.01），与发展型心理契约显著正相关（相关系数为0.258，p<0.01），与嵌入广度显著正相关（相关系数为0.445，p<0.01），与嵌入质量显著正相关（相关系数为0.379，p<0.01），与员工创新行为显著正相关（相关系数为0.471，p<0.01）。

交易型心理契约仅与关系型心理契约呈显著正相关关系，与其他变量均不存在显著相关。其中，交易型心理契约与关系型心理契约显著正相关（相关系数为0.106，p<0.05），与发展型心理契约不存在显著相关（相关系数为0.019，p>0.05），与嵌入广度不存在显著相关（相关系数为−0.032，p>0.05），与嵌入质量不存在显著相关（相关系数为−0.070，p>0.05），与员工创新行为不存在显著相关（相关系数为0.095，p>0.05）。

关系型心理契约与其他变量均呈显著正相关关系。其中，关系型心理契约与发展型心理契约显著正相关（相关系数为0.379，p<0.01），与嵌入广度显著正相关（相关系数为0.553，p<0.01），与嵌入质量显著正相关（相关系数为

表 5-2 相关性分析

| | 1 | 2 | 3 | 4 | 5 | 6 | 7 | 8 | 9 | 10 | 11 | 12 | 13 |
|---|---|---|---|---|---|---|---|---|---|---|---|---|---|
| 1 | 1.000 | | | | | | | | | | | | |
| 2 | -0.070 | 1.000 | | | | | | | | | | | |
| 3 | -0.019 | -0.600** | 1.000 | | | | | | | | | | |
| 4 | -0.244** | 0.059 | -0.001 | 1.000 | | | | | | | | | |
| 5 | -0.117* | 0.658** | -0.509** | 0.033 | 1.000 | | | | | | | | |
| 6 | 0.059 | -0.044 | 0.004 | -0.049 | -0.138** | 1.000 | | | | | | | |
| 7 | 0.106* | -0.053 | -0.008 | -0.019 | -0.133** | 0.791** | 1.000 | | | | | | |
| 8 | 0.131** | -0.040 | -0.036 | -0.074 | 0.009 | 0.168** | 0.127* | 1.000 | | | | | |
| 9 | 0.134** | 0.035 | -0.007 | -0.050 | -0.075 | 0.643** | 0.625** | 0.106* | 1.000 | | | | |
| 10 | 0.019 | -0.008 | 0.021 | 0.026 | -0.009 | 0.264** | 0.258** | 0.019 | 0.379** | 1.000 | | | |
| 11 | 0.055 | -0.008 | -0.101* | 0.006 | -0.010 | 0.486** | 0.445** | -0.032 | 0.553** | 0.522** | 1.000 | | |
| 12 | 0.134** | 0.039 | -0.126* | 0.011 | -0.044 | 0.447** | 0.379** | -0.070 | 0.463** | 0.441** | 0.650** | 1.000 | |
| 13 | 0.058 | 0.041 | -0.027 | 0.042 | 0.005 | 0.455** | 0.471** | 0.095 | 0.561** | 0.398** | 0.557** | 0.533** | 1.000 |

注：a. ** 表示相关性在 0.01 尾上显著（双尾）；* 表示相关性在 0.05 尾上显著（双尾）。b. 1 代表性别；2 代表年龄；3 代表婚姻状况；4 代表学历；5 代表组织任期；6 代表成长培训服务；7 代表心理咨询服务；8 代表交易型心理契约；9 代表关系型心理契约；10 代表发展型心理契约；11 代表嵌入广度；12 代表嵌入质量；13 代表员工创新行为。

0.463，p<0.01），与员工创新行为显著正相关（相关系数为 0.561，p<0.01）。

发展型心理契约与其他变量均呈显著正相关关系。其中，发展型心理契约与嵌入广度显著正相关（相关系数为 0.522，p<0.01），与嵌入质量显著正相关（相关系数为 0.441，p<0.01），与员工创新行为显著正相关（相关系数为 0.398，p<0.01）。

嵌入广度与其他变量均呈显著正相关关系。其中，嵌入广度与嵌入质量显著正相关（相关系数为 0.650，p<0.01），与员工创新行为显著正相关（相关系数为 0.557，p<0.01）

嵌入质量与员工创新行为显著正相关（相关系数为 0.533，p<0.01）。

# 第三节　信度和效度检验

## 一、信度检验

信度也是问卷的可靠程度，指使用相同的测量方法对同一个调查对象进行多次重复调查，最终得到重复测量结果的一致性程度。在实证研究中，一般采用 Cronbach's α 系数衡量问卷的信度。为了确保量表具有较好的一致性，一般要求 Cronbach's α 系数要大于等于 0.7。本书各个变量的 Cronbach's α 系数值如表 5-3 所示。

表 5-3　信度检验结果

| 变量 | 题项 | CITI | 题项已删除的 Cronbach's α 值 | Cronbach's α 值 |
|------|------|------|------------------------------|------------------|
| 成长培训服务 | CD1 | 0.798 | 0.883 | 0.909 |
|  | CD2 | 0.785 | 0.886 |  |
|  | CD3 | 0.772 | 0.889 |  |
|  | CD4 | 0.689 | 0.906 |  |
|  | CD5 | 0.809 | 0.881 |  |
| 心理咨询服务 | PC1 | 0.740 | 0.876 | 0.897 |
|  | PC2 | 0.713 | 0.883 |  |
|  | PC3 | 0.767 | 0.871 |  |
|  | PC4 | 0.747 | 0.875 |  |
|  | PC5 | 0.767 | 0.870 |  |

续表

| 变量 | 题项 | CITI | 题项已删除的 Cronbach's α 值 | Cronbach's α 值 |
|---|---|---|---|---|
| 交易型心理契约 | OT1 | 0.694 | 0.755 | 0.828 |
| | OT2 | 0.706 | 0.743 | |
| | OT3 | 0.660 | 0.788 | |
| 关系型心理契约 | OR1 | 0.661 | 0.617 | 0.767 |
| | OR2 | 0.618 | 0.681 | |
| | OR3 | 0.544 | 0.764 | |
| 发展型心理契约 | OB1 | 0.513 | 0.677 | 0.725 |
| | OB2 | 0.638 | 0.518 | |
| | OB3 | 0.497 | 0.694 | |
| 嵌入广度 | ES1 | 0.621 | 0.753 | 0.800 |
| | ES2 | 0.669 | 0.702 | |
| | ES3 | 0.647 | 0.726 | |
| 嵌入质量 | EQ1 | 0.636 | 0.771 | 0.813 |
| | EQ2 | 0.686 | 0.720 | |
| | EQ3 | 0.669 | 0.737 | |
| 员工创新行为 | EIB1 | 0.680 | 0.853 | 0.874 |
| | EIB2 | 0.751 | 0.834 | |
| | EIB3 | 0.723 | 0.842 | |
| | EIB4 | 0.645 | 0.860 | |
| | EIB5 | 0.711 | 0.844 | |

从表 5-3 可以看出，各变量的 Cronbach's α 系数均大于 0.7，说明各变量的内部具有较好的一致性。同时，各个测量题项对校正的项的总计相关性（CITI）基本都大于 0.5，并且删除现有的任何一个题项后，Cronbach's α 系数都会降低。我们认为本书的量表信度较好，符合实证分析要求。

## 二、效度检验

效度是测量的有效性程度。效度越高，说明测量得到的结果与研究所要考察的内容越吻合。效度检验主要有内容效度、收敛效度和区别效度三种。

**（一）内容效度**

本书中的量表，员工帮助计划量表的题项是根据程序化扎根理论的编码分析结果自行开发的，心理契约、关系嵌入和员工创新行为量表以国内外比较成熟的量表为主。同时，在设置初始量表后，研究人员又对量表的题项进行了精简和净化，使量表的题项语言表述完整、清晰并且通俗易懂，这大大保证了研究使用的量表题项与研究内容最大程度契合，并确保被调查者能够有效作答，说明本研究的量表有较高的内容效度。

**（二）收敛效度**

为了保证检验结果的有效性，研究人员采用 SPSS 22.0 和 AMOS 23.0 统计软件，运用正式大样本数据对量表进行效度检验，具体如表 5-4 所示。

表 5-4　收敛效度检验结果

| 变量 | 题项 | 参数显著性估计 | | | | 因素负荷量 | 组合信度 | 收敛效度 |
|---|---|---|---|---|---|---|---|---|
| | | Unstd. | S.E. | t-value | P | Std. | CR | AVE |
| 成长培训服务 | CD1 | 1.000 | | | | 0.836 | 0.911 | 0.673 |
| | CD2 | 0.984 | 0.065 | 15.107 | *** | 0.842 | | |
| | CD3 | 0.991 | 0.067 | 14.903 | *** | 0.835 | | |
| | CD4 | 0.959 | 0.080 | 12.048 | *** | 0.722 | | |
| | CD5 | 1.091 | 0.070 | 15.560 | *** | 0.858 | | |
| 心理咨询服务 | PC1 | 1.000 | | | | 0.751 | 0.900 | 0.644 |
| | PC2 | 1.019 | 0.096 | 10.648 | *** | 0.713 | | |
| | PC3 | 1.158 | 0.087 | 13.360 | *** | 0.872 | | |
| | PC4 | 1.060 | 0.084 | 12.558 | *** | 0.826 | | |
| | PC5 | 1.128 | 0.088 | 12.815 | *** | 0.841 | | |
| 交易型心理契约 | OT1 | 1.000 | | | | 0.821 | 0.871 | 0.692 |
| | OT2 | 1.087 | 0.092 | 11.851 | *** | 0.825 | | |
| | OT3 | 1.037 | 0.086 | 12.050 | *** | 0.849 | | |
| 关系型心理契约 | OR1 | 1.000 | | | | 0.638 | 0.805 | 0.583 |
| | OR2 | 1.770 | 0.217 | 8.150 | *** | 0.870 | | |
| | OR3 | 1.562 | 0.193 | 8.110 | *** | 0.764 | | |

续表

| 变量 | 题项 | 参数显著性估计 | | | | 因素负荷量 | 组合信度 | 收敛效度 |
|---|---|---|---|---|---|---|---|---|
| | | Unstd. | S.E. | t-value | P | Std. | CR | AVE |
| 发展型心理契约 | OB1 | 1.000 | | | | 0.630 | 0.788 | 0.556 |
| | OB2 | 1.487 | 0.193 | 7.719 | *** | 0.822 | | |
| | OB3 | 1.190 | 0.155 | 7.694 | *** | 0.771 | | |
| 联结强度 | TS1 | 1.000 | | | | 0.656 | 0.817 | 0.530 |
| | TS2 | 1.104 | 0.133 | 8.272 | *** | 0.673 | | |
| | TS3 | 1.250 | 0.132 | 9.472 | *** | 0.814 | | |
| 联结质量 | TQ1 | 1.000 | | | | 0.681 | 0.831 | 0.623 |
| | TQ2 | 1.174 | 0.112 | 10.523 | *** | 0.800 | | |
| | TQ3 | 1.304 | 0.115 | 11.329 | *** | 0.875 | | |
| 员工创新行为 | EIB1 | 1.000 | | | | 0.792 | 0.862 | 0.556 |
| | EIB2 | 0.941 | 0.079 | 11.903 | *** | 0.800 | | |
| | EIB3 | 0.838 | 0.076 | 11.058 | *** | 0.747 | | |
| | EIB4 | 0.695 | 0.076 | 9.166 | *** | 0.632 | | |
| | EIB5 | 0.899 | 0.081 | 11.044 | *** | 0.746 | | |

注：* 表示 $p<0.05$，** 表示 $p<0.01$，*** 表示 $p<0.001$。

从表 5-4 可以看出，成长培训服务、心理咨询服务、交易型心理契约、关系型心理契约、发展型心理契约、嵌入广度、嵌入质量、员工创新行为的 CR 值均大于 0.7，说明量表有较好的内部一致性[187]。同时，本书使用因素负荷量和平均变异数萃取值（AVE）两个指标评估量表的收敛效度，可以看到，成长培训服务、心理咨询服务、交易型心理契约、关系型心理契约、发展型心理契约、嵌入广度、嵌入质量、员工创新行为变量中各题目的因素负荷量均大于 0.6，AVE 的值均大于 0.5[187]，检验结果表明本书的量表具有较好的收敛效度。

（三）区别效度

区别效度指变量与变量之间的区别程度，也就是说变量之间要有排他性。通常使用平均方差萃取值（AVE）的算术平方根进行衡量，当每个潜变量的平均方差萃取值（AVE）算术平方根均大于所在列的皮尔森相关系数，说明它与其他变量相比具有较好的区别效度[191]。具体如表 5-5 所示。

表 5-5　区分效度验证结果

| | M | SD | 1 | 2 | 3 | 4 | 5 | 6 | 7 | 8 | 9 | 10 | 11 | 12 | 13 |
|---|---|---|---|---|---|---|---|---|---|---|---|---|---|---|---|
| 1 | 1.620 | 0.486 | | | | | | | | | | | | | |
| 2 | 2.050 | 0.766 | -0.070 | | | | | | | | | | | | |
| 3 | 1.380 | 0.487 | -0.019 | -0.600 | | | | | | | | | | | |
| 4 | 1.740 | 0.618 | -0.244 | 0.059 | -0.001 | | | | | | | | | | |
| 5 | 1.800 | 0.832 | -0.117 | 0.658 | -0.509 | 0.033 | | | | | | | | | |
| 6 | 3.703 | 0.915 | 0.059 | -0.044 | 0.004 | -0.049 | -0.138 | (0.820) | | | | | | | |
| 7 | 3.462 | 0.938 | 0.106 | -0.053 | -0.008 | -0.019 | -0.133 | 0.791 | (0.802) | | | | | | |
| 8 | 3.106 | 1.107 | 0.131 | -0.040 | -0.036 | -0.074 | 0.009 | 0.168 | 0.127 | (0.832) | | | | | |
| 9 | 3.661 | 0.837 | 0.134 | 0.035 | -0.007 | -0.050 | -0.075 | 0.643 | 0.625 | 0.106 | (0.764) | | | | |
| 10 | 3.885 | 0.839 | 0.019 | -0.008 | 0.021 | 0.026 | -0.009 | 0.264 | 0.258 | 0.019 | 0.379 | (0.746) | | | |
| 11 | 3.960 | 0.804 | 0.055 | -0.008 | -0.101 | 0.006 | -0.010 | 0.486 | 0.445 | -0.032 | 0.553 | 0.522 | (0.728) | | |
| 12 | 4.096 | 0.739 | 0.134 | 0.039 | -0.126 | 0.011 | -0.044 | 0.447 | 0.379 | -0.070 | 0.463 | 0.441 | 0.650 | (0.789) | |
| 13 | 3.830 | 0.715 | 0.058 | 0.041 | -0.027 | 0.042 | 0.005 | 0.455 | 0.471 | 0.095 | 0.561 | 0.398 | 0.557 | 0.533 | (0.746) |

注：a. 1 代表性别；2 代表年龄；3 代表婚姻状况；4 代表学历；5 代表组织任期；6 代表成长培训服务；7 代表心理咨询服务；8 代表交易型心理契约；9 代表关系型心理契约；10 代表发展型心理契约；11 代表嵌入广度；12 代表嵌入深度；13 代表员工创新行为。b. 括号里是 AVE 的平方根，即区别效度。

# 第四节　同源偏差控制与检验

为了消除同源偏差，研究人员在设计问卷时在问卷的总体介绍部分专门介绍了本次调查的目的，并且标明了"整个问卷仅供学术研究使用"，希望能够减轻被调查者的答题顾虑。为了进一步检验问卷数据的同源偏差程度，本书采用 Harman 单因素检验方法对问卷进行了同源方差检验。检验结果显示，此次测量中有 8 个因子解释了总变异的 73.044%，排列第一的因子占总变异的 37.243%，低于 40% 的判定标准[186]。说明本研究的数据并不存在较严重的共同方法偏差。

# 第五节　员工帮助计划对员工创新行为直接<br>作用假设检验

为了验证员工帮助计划对员工创新行为的直接作用，本书使用结构方程模型检验所设定的模型。

## 一、员工帮助计划对员工创新行为直接作用的模型建立

本书使用了 AMOS 23.0 软件构建了员工帮助计划对员工创新行为直接作用关系的模型。模型包含 2 个自变量和 1 个因变量。自变量为成长培训服务和心理咨询服务，因变量为员工创新行为。直接作用的结构方程模型路径如图 5-1 所示。

从图 5-1 可以看出，自变量成长培训服务对应的观察变量为 CD1、CD2、CD3、CD4、CD5，自变量心理咨询服务对应的观察变量为 PC1、PC2、PC3、PC4、PC5，因变量员工创新行为对应的观察变量为 EIB1、EIB2、EIB3、EIB4、EIB5。

## 二、模型的拟合度检验

本书使用 AMOS 23.0 对所构建的模型的各项拟合指标进行检验，采用最大似然法进行估计参数，模型的拟合度检验结果如表 5-6 所示。

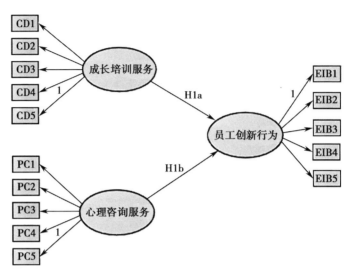

图 5-1　直接作用的结构方程模型路径

表 5-6　直接作用的结构方程模型拟合度

| 模型拟合指标 | 临界值 | 指标值 | 模型拟合情况 |
|---|---|---|---|
| CMIN/DF（卡方比自由度） | <3 | 2.980 | 拟合很好 |
| GFI（拟合优度指数） | >0.8 | 0.921 | 拟合很好 |
| AGFI（调和拟合优度指数） | >0.8 | 0.891 | 拟合很好 |
| CFI（比较拟合指数） | >0.9 | 0.958 | 拟合很好 |
| RMSEA（近似误差均方根） | <0.08 | 0.070 | 拟合很好 |

从表 5-6 可以看出，测量模型的卡方比自由度为 2.980，小于参考指标值 3；GFI=0.921，大于参考指标值 0.8；AGFI=0.891，大于参考指标值 0.8；CFI=0.958，大于参考指标值 0.9；RMSEA=0.070，小于参考指标值 0.08。总体来说，指标拟合比较理想。

## 三、理论假设检验

在模型拟合度较好的前提下，本研究利用 AMOS 23.0 软件对员工帮助计划对员工创新行为直接作用的研究假设进行了检验。检验结果如表 5-7 所示。

从表 5-7 可以看出，成长培训服务对员工创新行为的直接作用效应为 0.220，且显著（95% 的置信区间 [0.032，0.393]，置信区间不包括 0）。因此，假设 H1a 成立。心理咨询服务对员工创新行为的直接作用效应为 0.297，且显著（95% 的置信区间 [0.137，0.469]，置信区间不包括 0）。因此，假设 H1b 成立。直接作用的结构方程模型结果如图 5-2 所示。

表 5-7 直接作用研究假设检验结果

| 作用路径 | 点估计值 | 系数 | | bias-corrected 95% 置信区间 | | Percentile 95% 置信区间 | |
| --- | --- | --- | --- | --- | --- | --- | --- |
| | | 标准误 | Z 值 | 下限 | 上限 | 下限 | 上限 |
| 成长培训服务→员工创新行为 | 0.220 | 0.092 | 2.391 | 0.032 | 0.393 | 0.031 | 0.392 |
| 心理咨询服务→员工创新行为 | 0.297 | 0.084 | 3.536 | 0.137 | 0.469 | 0.138 | 0.469 |

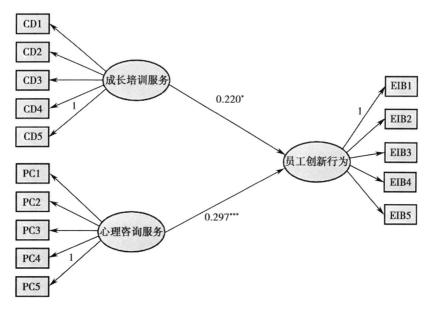

图 5-2 直接作用的结构方程模型结果

## 四、直接作用研究结果分析与讨论

员工帮助计划对员工创新行为直接作用的模型实证了员工帮助计划各内容维度对员工创新行为的影响。通过研究发现，成长培训服务和心理咨询服务均对员工创新行为有显著的正向影响。这与研究假设相一致，也符合社会交换理论，即当员工得到组织的支持和关怀，会愿意做出更多的创新行为来回报组织。同时，这一实证结论与扎根理论中原始资料分析中的典型关系吻合。具体来说：

从成长培训服务维度讲，成长培训服务不但可以提高员工的技能，还可以促使员工通过积极参与培训，增加自己的知识接触和获取，加快自己的知识积累，同时，在培训的过程中可以与他人交流和碰撞，从而促进新想法的产生。

从心理咨询服务维度讲，当前生活节奏越来越快，人们的生活压力越来越大。员工经常面临家庭、工作、社会等多重压力，身心健康都频出问题，这会降低员工的职业效能感[129]。如果员工的自主性和时间压力感较高，员工不容易表现出创新行为[192]。当员工感知到组织的人力资源管理强度时，会对个体的创新行为有着积极影响[18]。

## 第六节　心理契约和关系嵌入的中介作用假设检验

本书认为，心理契约和关系嵌入在员工帮助计划对员工创新行为的影响作用过程中存在链式中介作用，并提出相应关系假设。为了验证心理契约和关系嵌入在员工帮助计划对员工创新行为影响中的中介作用，研究人员使用结构方程模型检验所设定的模型。

### 一、心理契约和关系嵌入中介作用的模型建立

本书使用了 AMOS 23.0 构建了心理契约和关系嵌入中介作用关系的模型。该模型包含了 2 个自变量、2 个中介变量和 1 个因变量。自变量为成长培训服务和心理咨询服务，中介变量为心理契约和关系嵌入，因变量为员工创新行为。心理契约和关系嵌入中介作用的结构方程模型路径如图 5-3 所示。

从图 5-3 可以看出，自变量成长培训服务对应的观察变量为 CD1、CD2、CD3、CD4、CD5，自变量心理咨询服务对应的观察变量为 PC1、PC2、PC3、PC4、PC5，中介变量心理契约对应的观察变量为 DPC、RPC、TPC，中介变量关系嵌入对应的观察变量为 ES、EQ，因变量员工创新行为对应的观察变量为 EIB1、EIB2、EIB3、EIB4、EIB5。

与中介关系的相关研究假设在模型图中也有体现，其中，成长培训服务对心理契约的直接作用关系为 H2a，心理咨询服务对心理契约的直接作用关系为 H2b，成长培训服务对关系嵌入的直接作用关系为 H3a，心理咨询服务对

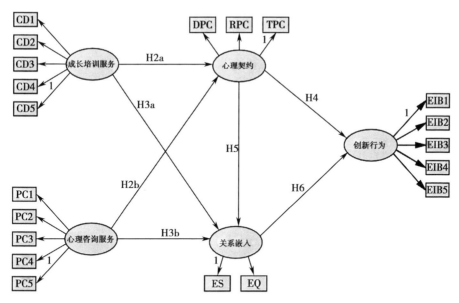

图 5-3　中介作用的结构方程模型路径

关系嵌入的直接作用关系为 H3b，心理契约对员工创新行为的直接作用关系为 H4，心理契约对关系嵌入的直接作用关系为 H5，关系嵌入对员工创新行为的直接作用关系为 H6。要说明的是，假设 H7a、H7b、H8a、H8b、H9a、H9b所涉及的心理契约和关系嵌入的单独中介作用和链式中介作用，无法在结构模型图中以路径的形式进行展现。

## 二、模型的拟合度检验

本书利用 AMOS 23.0 软件对所构建的模型的各项拟合指标进行检验，采用最大似然法进行参数估计，模型的拟合度检验结果如表 5-8 所示。

表 5-8　中介作用的结构方程模型拟合度

| 模型拟合指标 | 临界值 | 指标值 | 模型拟合情况 |
|---|---|---|---|
| CMIN/DF（卡方比自由度） | <3 | 3.042 | 可以接受 |
| GFI（拟合优度指数） | >0.8 | 0.891 | 拟合很好 |
| AGFI（调和拟合优度指数） | >0.8 | 0.859 | 拟合很好 |
| CFI（比较拟合指数） | >0.9 | 0.935 | 拟合很好 |
| RMSEA（近似误差均方根） | <0.08 | 0.071 | 拟合很好 |

从表 5-8 可以看出，测量模型的卡方比自由度为 3.042，在参考指标临界值左右，可以接受；GFI=0.891，大于参考指标值 0.8；AGFI=0.859，大于参考指标值 0.8；CFI=0.935，大于参考指标值 0.9；RMSEA=0.071，小于参考指标值 0.08。总体来说，指标拟合比较理想。

## 三、理论假设检验

在模型拟合度较好的前提下，本书利用 AMOS 23.0 软件对心理契约和关系嵌入在员工帮助计划与员工创新行为之间的中介关系进行检验。检验结果如表 5-9 所示。

表 5-9　直接作用研究假设检验结果

| 作用路径 | 点估计值 | 系数 | | bias-corrected 95% 置信区间 | | Percentile 95% 置信区间 | |
| --- | --- | --- | --- | --- | --- | --- | --- |
| | | 标准误 | Z 值 | 下限 | 上限 | 下限 | 上限 |
| 成长培训服务→心理契约 | 0.362 | 0.063 | 5.746 | 0.241 | 0.483 | 0.245 | 0.489 |
| 心理咨询服务→心理契约 | 0.191 | 0.067 | 2.851 | 0.056 | 0.318 | 0.054 | 0.315 |
| 成长培训服务→关系嵌入 | 0.317 | 0.076 | 4.171 | 0.168 | 0.471 | 0.169 | 0.471 |
| 心理咨询服务→关系嵌入 | 0.079 | 0.071 | 1.113 | −0.062 | 0.212 | −0.061 | 0.214 |
| 心理契约→员工创新行为 | 0.273 | 0.043 | 6.349 | 0.193 | 0.361 | 0.192 | 0.360 |
| 心理契约→关系嵌入 | 0.264 | 0.056 | 4.714 | 0.148 | 0.371 | 0.146 | 0.368 |
| 关系嵌入→员工创新行为 | 0.474 | 0.054 | 8.778 | 0.354 | 0.569 | 0.360 | 0.572 |

从表 5-9 可以看出，成长培训服务对心理契约的直接作用效应为 0.362，且显著（95% 的置信区间 [0.241，0.483]，置信区间不包括 0）。因此，假设 H2a 成立。心理咨询服务对心理契约的直接作用效应为 0.191，且显著（95% 的置信区间 [0.056，0.318]，置信区间不包括 0）。因此，假设 H2b 成立。成长培训服务对关系嵌入的直接作用效应为 0.317，且显著（95% 的置信区间 [0.168，0.471]，置信区间不包括 0）。因此，假设 H3a 成立。心理咨询服务对关系嵌入的直接作用效应为 0.079，但不显著（95% 的置信区间 [−0.062，0.212]，置信区间包括 0）。因此，假设 H3b 不成立。心理契约对员工创新行为的直接作用效应为 0.273，且显著（95% 的置信区间 [0.193，0.361]，置信区间不包括 0）。因此，假设 H4 成立。心理契约对关系嵌入的直接作用效应为

0.264，且显著（95% 的置信区间［0.148，0.371］，置信区间不包括 0）。因此，假设 H5 成立。关系嵌入对员工创新行为的直接作用效应为 0.474，且显著（95% 的置信区间［0.354，0.569］，置信区间不包括 0）。因此，假设 H6 成立。

在检验完直接关系后，本书采用温忠麟和叶宝娟推荐的 Bootstrap 方法计算系数乘积 ab 及选择其置信区间来检验中介作用[193]。通过对有效样本进行 5000 次的重复性抽样，得到总的中介作用和具体中介路径效应的非参数近似抽样分布，并构建 95% 的中介作用置信区间。采用间接作用"在 95% 置信区间是否包括 0"的依据来检验是否存在中介作用。当 95% 置信区间不包括 0 时，证明中介作用显著；当 95% 置信区间包括 0 时，中介作用不显著。检验结果如表 5-10 和表 5-11 所示。

从表 5-10 可以看出：在加入中介变量之后，成长培训服务对员工创新行为的直接效用变得不显著。直接效应值为 -0.027，95% 的置信区间［-0.156，0.104］，置信区间包括 0。总间接效应 0.199，95% 的置信区间［0.134，0.285］，置信区间不包括 0，说明总间接效应显著。其中，心理契约的单独中介效应为 0.062，95% 的置信区间［0.033，0.102］，置信区间不包括 0，说明心理契约的单独中介效应显著。因此，假设 H7a 成立。关系嵌入的单独中介效应为 0.105，95% 的置信区间［0.056，0.176］，置信区间不包括 0，说明关系嵌入的单独中介效应显著。因此，假设 H8a 成立。心理契约和关系嵌入的链式中介效应为 0.032，95% 的置信区间［0.017，0.054］，置信区间不包括 0，说明心理契约和关系嵌入在成长培训服务与员工创新行为关系中的链式中介效应显著。因此，假设 H9a 成立。同时，我们还对各中介效应的差异进行了对比分析，对比结果显示，心理契约的单独中介效应与关系嵌入的单独中介效应无显著差异（95% 的置信区间［-0.022，0.118］，置信区间包括 0），心理契约的中介效应与链式中介效应无显著差异（95% 的置信区间［-0.068，0.001］，置信区间包括 0），关系嵌入的中介效应与链式中介效应有显著差异（95% 的置信区间［-0.144，-0.021］，置信区间不包括 0）。

从表 5-11 可以看出：心理咨询服务与员工创新行为之间直接效应为 0.153，95% 的置信区间［0.044，0.268］，置信区间不包括 0，直接效应显著。总间接效应 0.074，95% 的置信区间［0.012，0.144］，置信区间不包括 0，说明总间接效应显著。其中，心理契约的单独中介效应为 0.032，95% 的置信区间［0.010，0.068］，置信区间不包括 0，说明心理契约的单独中介效应显

表 5-10　成长培训服务与员工创新行为之间的中介效应检验结果

| 作用路径 | 点估计值 | 系数 | | bias-corrected 95% 置信区间 | | Percentile 95% 置信区间 | |
|---|---|---|---|---|---|---|---|
| | | 标准误 | Z 值 | 下限 | 上限 | 下限 | 上限 |
| 直接效应 | -0.027 | 0.066 | -0.409 | -0.156 | 0.104 | -0.160 | 0.100 |
| 总间接效应 | 0.199 | 0.038 | 5.237 | 0.134 | 0.285 | 0.132 | 0.279 |
| 成长培训服务→心理契约→员工创新行为 | 0.062 | 0.018 | 3.444 | 0.033 | 0.102 | 0.032 | 0.100 |
| 成长培训服务→关系嵌入→员工创新行为 | 0.105 | 0.030 | 3.500 | 0.056 | 0.176 | 0.052 | 0.170 |
| 成长培训服务→心理契约→关系嵌入→员工创新行为 | 0.032 | 0.009 | 3.556 | 0.017 | 0.054 | 0.016 | 0.052 |
| 心理契约的中介效应与关系嵌入的中介效应的差异 | 0.044 | 0.035 | 1.257 | -0.022 | 0.118 | -0.023 | 0.114 |
| 链式中介效应与心理契约中介效应的差异 | -0.030 | 0.018 | -1.667 | -0.068 | 0.001 | -0.068 | 0.001 |
| 链式中介效应与关系嵌入中介效应的差异 | -0.074 | 0.031 | -2.387 | -0.144 | -0.021 | -0.139 | -0.018 |

注：Bootstrp 抽样数 =5000。

表 5-11　心理咨询服务与员工创新行为之间的中介效应检验结果

| 作用路径 | 点估计值 | 系数 | | bias-corrected 95% 置信区间 | | Percentile 95% 置信区间 | |
|---|---|---|---|---|---|---|---|
| | | 标准误 | Z 值 | 下限 | 上限 | 下限 | 上限 |
| 直接效应 | 0.153 | 0.057 | 2.684 | 0.044 | 0.268 | 0.047 | 0.272 |
| 总间接效应 | 0.074 | 0.033 | 2.242 | 0.012 | 0.144 | 0.011 | 0.142 |
| 心理咨询服务→心理契约→员工创新行为 | 0.032 | 0.014 | 2.286 | 0.010 | 0.068 | 0.008 | 0.063 |
| 心理咨询服务→关系嵌入→员工创新行为 | 0.026 | 0.024 | 1.083 | -0.018 | 0.075 | -0.018 | 0.074 |
| 心理咨询服务→心理契约→关系嵌入→员工创新行为 | 0.016 | 0.007 | 2.286 | 0.006 | 0.038 | 0.004 | 0.033 |
| 心理契约的中介效应与关系嵌入的中介效应的差异 | -0.006 | 0.026 | -0.231 | -0.056 | 0.046 | -0.057 | 0.046 |
| 链式中介效应与心理契约中介效应的差异 | -0.009 | 0.024 | -0.375 | -0.058 | 0.038 | -0.059 | 0.037 |
| 链式中介效应与关系嵌入中介效应的差异 | -0.015 | 0.010 | -1.500 | -0.043 | -0.001 | -0.040 | 0.001 |

注：Bootstrp 抽样数 =5000。

著。因此，假设 H7b 成立。关系嵌入的单独中介效应为 0.026，95% 的置信区间 [ –0.018，0.075 ]，置信区间包括 0，说明关系嵌入的单独中介效应不显著。因此，假设 H8b 不成立。链式中介效应为 0.016，95% 的置信区间 [ 0.006，0.038 ]，置信区间不包括 0，说明心理契约和关系嵌入在心理咨询服务与员工创新行为关系中的链式中介效应显著。假设 H9b 成立。同时，我们还对各中介效应的差异进行了对比分析，对比结果显示，心理契约的单独中介效应与关系嵌入的单独中介效应无显著差异（95% 的置信区间 [ –0.056，0.046 ]，置信区间包括 0），心理契约的中介效应与链式中介效应无显著差异（95% 的置信区间 [ –0.058，0.038 ]，置信区间包括 0），关系嵌入的中介效应与链式中介效应有显著差异（95% 的置信区间 [ –0.043，–0.001 ]，置信区间不包括 0）。中介作用的结构方程模型结果如图 5–4 所示。

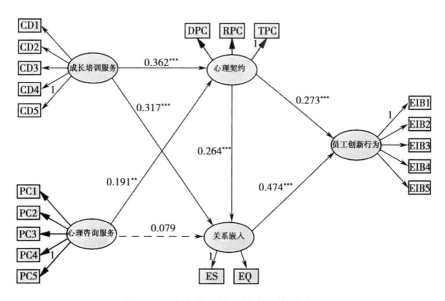

图 5–4 中介作用的结构方程模型结果

## 四、中介作用研究结果分析与讨论

心理契约和关系嵌入中介作用关系模型验证了本书提出的大部分研究假设。这些结果也验证了心理契约理论、嵌入理论和 "S–O–R" 模型，即：当员工对组织的期望得到满足时，会提升员工的心理状态。并且员工愿意参加组织活动以维持良好的人际关系，增加与他人的嵌入。因此，当组织提供员工帮助计划服务时，员工的心理契约水平以及与他人的嵌入水平都会提高，最终促进员工创新行为的产生。同时，这些实证结论基本都与扎根理论中原始资料分析中的典型关系吻合。

**（一）在成长培训服务维度方面**

一是心理契约在成长培训服务与员工创新行为的关系中发挥中介作用。根据社会交换理论，心理契约是以心理承诺为基础的责任观，直接影响组织成员对组织的情感投入和工作绩效。当员工得到组织给予的帮助和支持越多，员工的心理契约水平越高，其创新行为表现越突出[95]。

二是关系嵌入在成长培训服务与员工创新行为的关系中发挥中介作用。关系网络中包括节点、资源和活动等基本要素。节点是网络中的成员，资源是成员为了发展所需要的包括有形和无形的物质要素；活动指成员为了自身发展，开展的与资源获取有关的活动。想要构建较好的关系网络需要有成员，有资源，还要有与获取资源相关的活动。网络中成员间的交流不断增多，强度会不断增强，关系会越来越密切。而非正式人际关系的密切程度与创新行为显著正相关[131]。因为，关系嵌入不仅作为创新行为的外部因素直接影响创新，也作为情境因素影响内部特征对创新行为的作用[116]。

三是心理契约和关系嵌入在成长培训服务与员工创新行为的关系中发挥链式中介作用。这说明成长培训服务可以通过心理契约和关系嵌入的单独中介作用来显著正向预测员工创新行为，还可以通过心理契约和关系嵌入的链式中介共同影响员工创新行为。这与近年来学者们提出的影响创新行为的个体 - 环境的交互作用模型相一致。人作为社会的产物，其创新行为的产生除受个体因素的影响，还受所在环境的影响，是个体特征与环境因素交互作用的结果。人 - 环境匹配在组织中能够衍生出积极的态度和行为[67]。员工从培训中获得更多的知识和技能，会促使员工产生良好的心理契约[134]。有较好心理契约的伙伴能够加强联系，实现资源、知识和信息交流[147]，会形成较好的关系嵌入。员工个体在积极交流沟通，并相互提供帮助的时候，会加速技术知识和信息在组织内部的流通。这样经过信息交换和思想碰撞之后，员工更容易产生新的想法[99]。因此，成长培训服务可以通过心理契约和关系嵌入的链式中介影响员工创新行为。

**（二）在心理咨询服务维度方面**

一是心理契约在心理咨询服务与员工创新行为的关系中发挥中介作用。

随着职场竞争的增大和生活节奏的加快，员工的压力越来越大，当员工遇到困惑的时候，有组织提供的心理咨询服务帮助其解决问题，可以使员工更加信任组织，增强心理契约，会提出更多的新构想或有益的建议[9]。

二是心理契约和关系嵌入在心理咨询服务与员工创新行为的关系中发挥链式中介作用。这说明心理咨询服务可以通过心理契约的单独中介显著正向预测员工创新行为，还可以通过心理契约和关系嵌入的链式中介共同影响员工创新行为。虽然员工在接受心理咨询服务之后不能影响关系嵌入，但会影响心理契约水平。而当员工感知组织或他人的心理契约履行程度越高，员工对组织或他人的信任会越强[149]。他们会更愿意与他人交流，分享信息[146]，促进创新行为的产生。因此，在员工接受了组织提供的心理咨询服务后，会通过心理契约和关系嵌入的链式中介作用影响员工创新行为。

值得注意的是，心理咨询服务对关系嵌入的直接作用不显著，关系嵌入在心理咨询服务和员工创新行为的关系中也不发挥中介作用。这可能与心理咨询服务的形式有关。企业为员工提供心理咨询服务不论是内部服务还是通过第三方提供服务，均严格遵守保密原则，实行一对一服务。而关系嵌入关注的是成员彼此之间的依附关系，通过社会联结的深度、强度、密度、规模及对称性等来说明具体的问题[194]。因此，心理咨询服务虽然可以改变员工的心理状态，但与其他同事没有交流，也不会产生交集。所以，对关系嵌入不产生影响，关系嵌入不发挥中介作用。

# 第七节 性别的调节作用假设检验

虽然，我们讨论了员工帮助计划对员工创新行为的直接影响，以及心理契约和关系嵌入在员工帮助计划对员工创新行为影响中的中介作用。但由于员工帮助计划被重视的程度还不够深，被推广的范围还不够广，因此，本节拟讨论不同员工群体在员工帮助计划对员工影响关系中的调节作用，以帮助企业针对不同群体开展服务，提高企业开展工作的针对性。

## 一、性别调节作用的模型建立

根据研究假设，本节主要关注性别在心理咨询服务影响心理契约这一过程中所发挥的作用。在这个调节作用关系中，心理咨询服务是自变量，心理契约是因变量，性别是调节变量。涉及的变量、逻辑关系以及所构建的模型如图 5-5 所示。

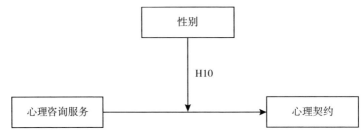

图 5-5　性别的调节作用模型

## 二、理论假设检验

为了进一步验证性别的调节作用，本书采用层次回归分析方法对性别在心理咨询服务与心理契约的关系中的调节作用研究假设进行检验。首先将年龄、婚姻状况、学历等控制变量作为自变量，将心理契约作为因变量，构建了模型 M1，用来检验控制变量与因变量之间的关系。然后在模型 M1 的基础上，加入心理咨询服务、性别、心理咨询服务 × 性别的交互项作为自变量，构建模型 M2，以检验性别的调节作用。分析结果如表 5-12 所示。

表 5-12　性别的调节作用

| | M1 | | M2 | |
| --- | --- | --- | --- | --- |
| | β | t 值 | β | t 值 |
| 年龄 | 0.002 | 0.033 | −0.007 | −0.133 |
| 婚姻状况 | −0.051 | −0.634 | 0.025 | 0.351 |
| 学历 | −0.053 | −1.070 | −0.024 | −0.543 |
| 心理咨询服务 | | | 0.319 | 10.851*** |
| 性别 | | | 0.129 | 2.225* |
| 心理咨询服务 × 性别 | | | 0.116 | 2.004* |
| $R^2$ | 0.005 | | 0.248 | |
| $\Delta R^2$ | | | 0.243 | |
| F | 0.524 | | 18.579*** | |

注：*** 代表在 0.001 水平上显著，** 代表在 0.01 水平上显著，* 代表在 0.05 水平上显著。

从表 5-12 中可以看出，在模型 M1 中，控制变量年龄、婚姻状况、学历作为自变量对因变量心理契约均无显著影响。在模型 M2 中，$R^2$ 值有显著意义的提高，并且心理咨询服务×性别交互项对因变量心理契约回归系数 β=0.116，p=0.046<0.05，说明性别在心理咨询服务和心理契约关系中的调节效应显著。因此，假设 H10 成立。

为了进一步解释性别在心理咨询服务与心理契约关系中的调节效应，本书绘制了不同性别员工在心理咨询服务水平不同时表现出来的心理契约差异。如图 5-6 所示，女性员工组的斜率要大于男性员工组，证明性别在心理咨询服务影响心理契约过程中调节效应的存在。具体来说，在女性员工群体中，心理咨询服务对其心理契约有着更强的促进作用，而在男性员工群体中，这种促进作用则减弱。

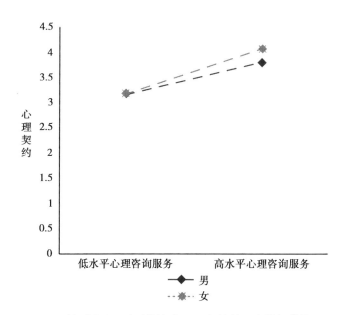

图 5-6　性别在心理咨询服务与心理契约关系中的调节作用

## 三、性别调节作用的研究结果分析与讨论

通过层次回归分析我们发现，性别在心理咨询服务与心理契约之间发挥调节作用，女性员工的调节作用要大于男性员工。性别角色理论指出，社会文化对男性和女性的行为期待与规范是不同的，每个个体会引导自己逐步遵从

社会文化的期待，以此赢得社会或他人的认同，同时避免因违背这些期待而受到社会或他人的排斥或抵制[195]。在我国，"男主外，女主内"的传统性别观念影响深远，女性被期待成为照顾好家庭的"贤妻良母"。如果女性员工因为工作原因而无法较好地完成家庭中的责任，不仅会遭到别人的误解或者排斥，就连女性员工自己也会感到不安与愧疚。但同时，新时代女性在工作上还承担着"半边天"的角色，这就给女性员工带来非常大的压力。而女性情感细腻，对情绪感知的高度敏感性，使她们更可能向家庭以外的环境表达自己的情感[196]，更容易接受他人的意见和支持。因此，在实际生活中，女性更愿意求助心理咨询服务，并且在得到组织支持之后，更容易履行心理契约，表现出更多的组织公民行为，更愿意承担组织义务。

# 第八节　组织任期的调节作用假设检验

## 一、组织任期调节作用的模型建立

根据研究假设，本节主要关注组织任期在成长培训服务影响关系嵌入这一过程中所发挥的作用。在这个调节作用关系中，成长培训服务是自变量，关系嵌入是因变量，组织任期是调节变量。涉及的变量、逻辑关系以及所构建的模型如图5-7所示。

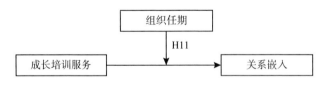

图 5-7　组织任期的调节作用模型

## 二、理论假设检验

为了进一步验证组织任期的调节效应，本书采用层次回归分析方法对组织任期在成长培训服务与关系嵌入之间的调节作用研究假设进行检验。首先，以年龄、婚姻状况、学历等控制变量作为自变量，将关系嵌入作为因变量，构建模型 M3，用来检验控制变量与因变量之间的关系。其次，在模型 M3 的基础上加入成长培训服务、组织任期、成长培训服务 × 组织任期的交互项作为自变量，构建模型 M4，以检验组织任期的调节作用。分析结果如表 5–13 所示。

表 5–13 组织任期的调节作用

| | M3 | | M4 | |
|---|---|---|---|---|
| | β | t 值 | β | t 值 |
| 年龄 | −0.085 | −1.495 | −0.052 | −0.925 |
| 婚姻状况 | −0.259 | −2.902** | −0.222 | −2.842** |
| 学历 | 0.016 | 0.290 | 0.041 | 0.857 |
| 成长培训服务 | | | 0.238 | 2.955** |
| 组织任期 | | | −0.321 | −2.031* |
| 成长培训服务 × 组织任期 | | | 0.088 | 2.123* |
| $R^2$ | 0.021 | | 0.292 | |
| $\Delta R^2$ | | | 0.271 | |
| F | 2.851* | | 27.203*** | |

注：*** 代表在 0.001 水平上显著，** 代表在 0.01 水平上显著，* 代表在 0.05 水平上显著。

从表 5–13 中可以看出，在加入调节变量之后，$R^2$ 值有显著意义的提高，并且成长培训服务 × 组织任期交互项对因变量关系嵌入回归系数 β=0.088，p=0.034<0.05，说明组织任期在成长培训服务和关系嵌入关系中的调节效应显著。因此，假设 H11 成立。

为了进一步解释组织任期在成长培训服务与关系嵌入关系中的调节效应，本书绘制了不同组织任期员工在成长培训服务水平不同时表现出来的关系嵌入差异。如图 5–8 所示，组织任期长组的斜率要大于组织任期短组，证明了组织任期在成长培训服务影响关系嵌入过程中调节效应的存在。具体来说，在组织任期长的员工群体中，成长培训服务对其关系嵌入有着更强的促进作用，而在组织任期短的员工群体中，这种促进作用则减弱。

## 三、组织任期调节作用的研究结果分析与讨论

通过层次回归分析我们发现，组织任期在成长培训服务与关系嵌入之间发挥调节作用，组织任期长的员工调节作用要大于组织任期短的员工。这是因为组织任期长的员工随着工作时间的推移，会参加更多的培训和活动，这让他们有足够的机会熟悉大量的同事、主管或者下属[175]。这让组织任期长的员工积累了足够的特定于组织的社会资本，比如关系的数量和质量等[197]。长期在组织内工

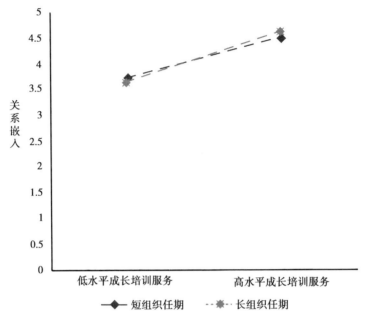

图5-8　组织任期在成长培训服务与关系嵌入关系中的调节作用

作，也会让员工积累更多的工作经验，这些经验是员工在企业内部逐步积累的特定技能。这些技能为员工之间互相提醒、分享和解决问题提供了重要基础。

# 本章小结

本章主要运用统计分析软件对大样本数据进行了实证分析。

首先，介绍了数据分析方法。

其次，对大样本数据进行了基本统计分析、信效度检验和同源偏差控制与检验。结果显示，样本数据基本符合正态分布要求，变量间不具备高度相关关系，同源偏差影响不严重；量表具有良好的信度、内容效度、收敛效度和区别效度。

再次，对第三章提出的17条假设进行了逐一检验，结果显示，本书提出的17条假设中，有15条研究假设通过了实证检验，有2条研究假设未通过实证检验。具体检验结果如表5-14所示。

最后，本章对直接作用结果、中介作用结果和调节作用结果进行了分析和讨论。

表 5-14 研究假设检验结果

| 序号 | 假设 | 检验结果 |
|---|---|---|
| H1 | 员工帮助计划正向影响员工创新行为 | 支持 |
| H1a | 成长培训服务正向影响员工创新行为 | 支持 |
| H1b | 心理咨询服务正向影响员工创新行为 | 支持 |
| H2 | 员工帮助计划正向影响心理契约 | 支持 |
| H2a | 成长培训服务正向影响心理契约 | 支持 |
| H2b | 心理咨询服务正向影响对心理契约 | 支持 |
| H3 | 员工帮助计划正向影响关系嵌入 | 支持 |
| H3a | 成长培训服务正向影响关系嵌入 | 支持 |
| H3b | 心理咨询服务正向影响关系嵌入 | 不支持 |
| H4 | 心理契约正向影响员工创新行为 | 支持 |
| H5 | 心理契约正向影响关系嵌入 | 支持 |
| H6 | 关系嵌入正向影响员工创新行为 | 支持 |
| H7 | 心理契约在员工帮助计划和员工创新行为之间发挥中介作用 | 支持 |
| H7a | 心理契约在成长培训服务和员工创新行为之间发挥中介作用 | 支持 |
| H7b | 心理契约在心理咨询服务和员工创新行为之间发挥中介作用 | 支持 |
| H8 | 关系嵌入在员工帮助计划和员工创新行为之间发挥中介作用 | 支持 |
| H8a | 关系嵌入在成长培训服务和员工创新行为之间发挥中介作用 | 支持 |
| H8b | 关系嵌入在心理咨询服务和员工创新行为之间发挥中介作用 | 不支持 |
| H9 | 心理契约和关系嵌入在员工帮助计划和员工创新行为之间发挥链式中介作用 | 支持 |
| H9a | 心理契约和关系嵌入在成长培训服务和员工创新行为之间发挥链式中介作用 | 支持 |
| H9b | 心理契约和关系嵌入在心理咨询服务和员工创新行为之间发挥链式中介作用 | 支持 |
| H10 | 性别在心理咨询服务与心理契约之间起调节作用,女性在心理咨询服务对心理契约影响过程的调节作用强于男性 | 支持 |
| H11 | 组织任期在成长培训服务与关系嵌入之间起到调节作用,组织任期长的员工在成长培训服务对关系嵌入影响过程的调节作用强于组织任期短的员工 | 支持 |

# 第六章　研究结论与展望

本书以宁夏、陕西、甘肃、青海、新疆5省份通信公司员工为调查对象，通过网络调查和实地调查方式进行，共获得402份有效问卷，通过调研、数据收集和处理，实证研究了员工帮助计划对员工创新行为的影响机制。本章对研究结果进行总结，探讨本研究的理论贡献和管理启示，最后分析本书的局限，并对未来可开展的研究进行展望。

## 第一节　研究结论

### 一、开发了员工帮助计划服务内容测量工具

虽然员工帮助计划在国外经过近百年的发展，已经非常成熟，应用范围也非常广，但我国的文化和体制都与国外有很大不同，使得大家对员工帮助计划的需求与国外有很多不同。例如，国内组织希望员工得到更多的培训和咨询服务，而对药物滥用、戒酒等服务内容的需求相对比较少。通过本书研究表明，员工帮助计划的内容维度主要包含了一对多的团体服务和一对一的个体咨询服务。经过程序化扎根理论方法的三级编码，整理和分析原始研究资料，最终确定了成长培训服务和心理咨询服务2个维度。

成长培训服务维度主要包括企业提供的情绪管理、团队协作、沟通技巧、时间管理、新员工心理调适等课程培训，是有助于员工全面成长的一对多的培训服务。这一维度划分与林桂碧[177]的教育成长训练维度较为接近。

心理咨询服务维度主要包括企业提供的婚姻家庭关系咨询、组织变革心理干预、职业生涯发展咨询、突发事件后的心理辅导等个体咨询，是解决员工个性化问题的一对一咨询服务。咨询类服务是员工帮助计划的主要服务内容，无论是国际EAP组织还是学者，都将心理咨询作为一个单独的维度划分出来。在我国大力提倡构建和谐社会，企业深入改革迈向国际化进程的背景下，员工

对心理健康需求和相关支持系统的需求不断增加，因此，将心理咨询服务作为一个维度，既符合员工帮助计划的服务目的，也符合我们员工和组织的需求。

## 二、构建并检验了员工帮助计划对员工创新行为的直接作用模型

构建了员工帮助计划对员工创新行为直接作用的理论模型，分别考察了成长培训服务和心理咨询服务对员工创新行为的影响。实证结果表明，员工帮助计划对员工创新行为具有显著正向影响，在具体的2个维度中，成长培训服务和心理咨询服务均对员工创新行为具有显著正向影响。这与之前学者认为的那些易被外界影响的心理状态如情感、情绪、动机等更容易激发，从而对个体创新起着重要的作用[17]的观点是一致的。因为个体的人格特质相对来说是比较稳定的，短时间之内很难发生变化，外部干预对其产生的影响也比较有限。只有通过改变组织的情境因素，影响员工的个体活动，促进其产生创新行为是相对来说比较容易实现的。情境因素包括环境的特征、人际之间的互动等各方面的作用。员工感知到的组织承诺对其行为会产生积极影响，能够激发员工产生创新行为[198]。因此，在组织提供了有利于员工成长的培训服务和帮助员工解决个性化问题的心理咨询服务后，基于社会交换的互惠原则，员工得到组织的善意对待，就会做出积极回应。

## 三、构建并检验了员工帮助计划影响员工创新行为的链式中介模型

本书构建了心理契约和关系嵌入在员工帮助计划与员工创新行为之间的链式中介模型，分别考察了心理契约和关系嵌入在员工帮助计划与员工创新行为之间的单独中介作用和链式中介作用。实证表明，在具体的2个维度中，心理契约在成长培训服务与员工创新行为之间发挥中介作用；关系嵌入在成长培训服务与员工创新行为之间发挥中介作用；心理契约和关系嵌入在成长培训服务与员工创新行为之间发挥链式中介作用。从中介效应大小看，关系嵌入的中介效应最大，心理契约的中介效应次之，心理契约和关系嵌入的链式中介效应最小。而心理契约在心理咨询服务与员工创新行为之间发挥中介作用；心理契约和关系嵌入在心理咨询服务与员工创新行为之间发挥链式中介作用；关系嵌入在心理咨询服务与员工创新行为之间不发挥中介作用。

　　这与近年来学者们提出的"S-O-R"模型相一致。人作为社会的产物，外在环境的刺激会影响到个体的内在状态，最终会促进个体产生趋近或规避的行为。在组织和员工之间，员工会根据组织对自己的责任和付出而调整自己的付出，当组织为员工提供员工帮助计划服务时，员工感知到了组织的关怀与支持，会大大提高员工的心理契约水平。当员工与组织、员工与员工之间拥有较好的心理契约时，组织与员工或员工与员工之间能够加强联系，实现资源、知识和信息交流，促进关系嵌入的进一步深入。而信息交流越多，员工越容易产生新想法，知识共享水平越高，创新想法转化为创新行为的程度越高，越容易产生创新行为。

## 四、探索并检验了性别在心理咨询服务和心理契约之间的调节作用

　　根据社会化理论，由于性别角色在社会中所担负的责任不同，就会产生男女性别之间的差异化[170]。因此，本书考虑到性别差异，研究考察了不同性别的员工在心理咨询服务和心理契约关系上表现出来的差异。实证研究结果显示，性别能够调节心理咨询服务对心理契约的预测作用。并且，女性在调节心理咨询服务对心理契约的预测作用要大于男性。这也就是我们常说的女性和男性之间社会性和力量性的印象。女性因为更在意别人情绪以及情感表达，更具有社会性。因此，女性在得到心理咨询服务后，她们感觉自己的情绪受到了关注，这会让她们感知到组织的支持和帮助，更容易产生较高水平的心理契约。

## 五、探索并检验了组织任期在成长培训服务和关系嵌入之间的调节作用

　　由于中国非常注重家文化，考虑到组织经常提倡和培养员工的家园意识，期望增加员工的组织归属感的实际情况。本书探索并检验了组织任期在成长培训服务和关系嵌入间的调节作用。实证研究结果显示，组织任期能够调节成长培训服务对关系嵌入的预测作用。并且，长的组织任期在调节成长培训服务对关系嵌入的预测作用要大于短的组织任期。根据资源保存理论，员工会重视资源并会主动获取资源，参加有利于个人成长的培训会被个体当作有价值的资源，关键的资源能够使得个体提高行动和动机的能力[199]。员工刚进入组织时，与周围的同事都不熟悉，随着时间的推移，与同事的熟悉程度及交流频率

会越来越高。同时，随着员工能够获得的资源和经验的增多，他们的人力资本不断增加，更有能力与同事共同解决问题、分享隐形知识等。

## 第二节　理论贡献

本书从员工帮助计划的服务内容出发，探索了员工帮助计划对个人因素心理契约的影响，对人际互动因素关系嵌入的影响，以及个人 – 人际互动交互作用对员工创新行为的影响机制。本书主要有以下理论贡献：

第一，丰富了国内员工帮助计划的实证研究，并开发了相应的测量工具。由于员工帮助计划缘起于国外，已在众多经济发达国家广泛使用，成为组织管理特别是人力资源管理中不可缺少的活动之一，目前财富 500 强企业中 90%以上的企业均建立了员工帮助计划项目[200]。这为其实证研究奠定了坚实的基础。因此，国外关于员工帮助计划的实证研究十分丰富，从对员工帮助计划的使用意愿、成本效用到其对组织绩效、组织承诺、员工满意度、离职率等方面的影响研究均比较多。员工帮助计划引入我国的时间还比较短，相应的实证研究也比较少。不同的文化背景下，员工帮助计划的使用情况以及产生的影响有什么不同，都需要通过实证研究进行检验。本书借鉴国内外已有研究，从员工帮助计划的内容维度出发，探索了各维度服务对心理契约、关系嵌入及员工创新行为的影响。丰富了中国文化背景下员工帮助计划的实证研究，为今后的相关研究奠定基础。同时，本书经过程序化扎根理论、探索性因子分析和验证性因子分析，开发了员工帮助计划内容问卷，为这一研究视角提供了相应的测量，可用于下一步研究。本书的数据分析证明，员工帮助计划 2 个维度的服务对员工创新行为产生不同的影响。研究结论对员工帮助计划的作用进行了细化，对今后在微观机制上的研究和深化有促进意义。

第二，拓展了员工创新行为产生机制的研究视角。关于员工创新行为的研究虽然多样，也有学者从个人 – 环境交互作用视角开展研究，但关于员工创新行为形成的中介作用和调节作用的探索还不够丰富。本书通过探索心理契约和关系嵌入影响员工创新行为的中介机制，解释了员工帮助计划影响员工创新行为的复杂的中间机制，深化了我们对员工创新行为产生的理解和认识。本书基于社会交换理论和"S–O–R"模型，提出了心理契约和关系嵌入在员工帮助计划和员工创新行为之间发挥着中介作用。社会交换理论认为，人类在社会活动中的所有行为，都会被可能给自己带来奖励和报酬的交换活动所影响。所以，我们可以把人的一切社会活动都看作一种交换活动。那么，人在这种社会活动中所产生的关系，也可以看作一种交换关系[29]。认知心理学的"S-O-R"模型认为在外界刺激下，不同的个体会产生不同的变化，这种介于刺激与反应之间的变化会对个体行为产生直接影响。本书的数据分析结果验证了我们提出的假设，即员工创新行为是受个人-人际交互作用影响的，心理契约和关系嵌入在员工帮助计划和员工创新行为之间发挥链式中介作用。这些研究均拓展了员工创新行为产生机制的研究视角，也为管理实践中充分运用员工帮助计划，提高员工心理契约，促进员工创新行为，提供了理论基础。

第三，丰富了关系嵌入的研究内容。关系嵌入关注的是联结双方的二元交易关系问题，目前国内关于关系嵌入的研究还不够丰富，已有的研究主要是将研究视角放在企业层面，主要分析企业在网络中与其他企业成员之间关系嵌入对组织绩效、创新绩效的影响[184]。本书将研究视角放在员工个体层面，通过数据分析，实证了关系嵌入与心理契约、员工帮助计划、员工创新行为、员工组织任期等的关系。这些研究将关系嵌入研究对象从组织层面拓展至个人层面，在拓展了员工帮助计划、员工创新行为的研究内容的同时，也拓展了关系嵌入的研究视角，有助于今后在微观机制上进行关系嵌入的研究和深化。

## 第三节    管理建议

面对百年未有之大变局和我国改革开放以来社会转型的时代背景，员工面临诸多不确定因素，倍感压力。在工作上，为了适应市场变化，员工会遇到新的挑战、困难，难免出现情绪问题、人际关系问题等。在生活方面，婚姻恋爱家庭关系等方面的问题也层出不穷。可以说，员工比以往任何时代的压力都更大，这些都严重影响员工的积极性和创造力。因此，员工的心理健康和职场健康行为显得尤为重要。组织的发展离不开对员工新需求的把握。本书对员工帮助计划与员工创新行为之间的关系进行了系统的阐释，目的在于探索员工帮助计划对员工心理状态、人际关系的影响，促进员工创新行为。基于研究，本书认为，可以从加强对员工帮助计划作用的认识、加强员工帮助计划的使用策略、有针对性地创建工作团队、做好员工心理契约的建设工作、建立与员工的深度联结机制等方面来制定相应的管理措施。

## 一、管理者应充分认识到员工帮助计划在管理中的重要作用

员工帮助计划已在众多经济发达国家广泛应用。很多组织将其作为人力资源战略规划的组成部分，有组织将其作为福利政策中的"精神福利"，也有组织将其作为员工关系管理模块，还有一些组织将其作为安全与健康的重要一环。总之，它已经成为组织管理中重要的一部分。我国引入员工帮助计划的企业还不多，但其在企业管理中的作用却初见成效[2]。随着我国经济发展和社会转型，员工面临着非常大的工作压力、生活压力和心理危机。这些无法回避的管理新问题，都对团队和员工行为产生负向影响，成为制约现代人力资源管理特别是员工关系管理和绩效管理的关键因素。目前已有的实证研究和本书研究均证明员工帮助计划在节约管理成本、提高员工心理契约、工作绩效等方面的有效性。因此，建议管理者充分认识员工帮助计划的作用和价值。本书证明成长培训服务对心理契约、关系嵌入和员工创新行为均通过直接作用或中介作用产生影响；心理咨询服务也对心理契约和员工创新行为通过直接作用或中介作用产生影响。因此，管理者可以通过引入员工帮助计划来搭建信息沟通平台，拓宽员工成长的渠道，提高员工心理健康水平，最终增加员工的工作积极性，提高员工的工作和创新能力。特别是针对新员工，可以有针对性地开展员工帮助计划专题培训和一对一咨询，帮助新员工快速适应工作环境和组织文化，融入组织。

## 二、管理者应该进一步加强员工帮助计划的使用策略

研究结果表明，员工帮助计划对员工创新行为具有显著的正向影响，其中，成长培训服务和心理咨询服务对员工创新行为均有显著正向影响。因此，管理人员可以进一步优化员工帮助计划的使用策略。

首先，管理人员可以进一步优化成长培训服务的使用策略，在本书开发的测量量表中可以发现，使用过员工帮助计划的员工认为团队协作、人际关系、时间管理、情绪管理和新员工的心理调适培训非常有必要，因此，管理人员可以有针对性地多开展这些主题的培训，特别是在投入有限的情况下，可以将培训主题更加集中在大家都需要和认同的主题上。

其次，管理人员可以进一步优化心理咨询服务的使用策略。从本研究可以看出，除企业比较重视的组织变革、重大突发事件后的心理危机干预以及常

见的压力管理咨询和家庭婚姻情感咨询外，生涯发展咨询也是员工认为很有必要的咨询服务方向。因此，管理人员可以考虑进一步优化心理咨询服务内容。

### 三、管理者可以有针对性地创建工作团队

本书发现，不同类型的员工在接受员工帮助计划服务后，会有不同的效果。因此，为了提高组织的创新绩效，管理者可以挑选愿意长时间留在组织中，愿意和组织共同成长，并且和其他同事有较好的人际关系，愿意和他人分享知识、经验，一起解决问题的员工组成工作团队。另外，根据社会化理论，男性和女性所承担的责任不同，因此造成了性别的差异，相比女性而言，男性更加独立自主，更容易忽略他人的支持，而女性则偏向于关系和情感，更愿意与他人分享并帮助他人解决问题。同时由于家庭、个人情况等因素的约束，女性失业的概率比男性高0.87%。这是在控制了人力资本等因素的影响后仍然存在的性别差异[201]。这种现状也会促使女性员工愿意与组织建立更加长远的合作关系。并且，现有研究也证明，女性比男性更愿意寻求员工帮助计划的帮助，因此，管理者在实际工作中，应该鼓励女性参与创新性的工作，并制定支持政策，帮助女性获得更多资源。防止产生"提到创新便想起男性"的认知偏差[53]。

### 四、管理者应该做好员工心理契约的建设工作

本书表明，员工心理契约对员工创新行为具有显著的正向影响。同时，员工帮助计划影响员工创新行为也需要通过心理契约的中介来实现。员工的心理契约需要企业不断地培养和提高，根据"S-O-R"模型，在外部刺激下，员工会根据自身情况接收和处理这些刺激，形成自己的感知，进而影响自己的行为。可以看出，心理契约是员工创新行为的重要影响因素。因此，管理人员应该重视员工心理契约，并采取一些措施来培养和提升员工的心理契约。

首先，交易型心理契约以经济交换为目的，这样的员工更关心个人的得失，比较在意眼前的利益，如果有更好的工作机会就会流失，这对组织长期目标的实现和发展比较不利。因此，建议管理者在针对交易型心理契约的员工进行管理时，应该注意其薪酬、福利等问题。

其次，针对关系型心理契约和发展型心理契约的员工，应该通过凸显员工对组织的重要性，提供匹配的培训机会和职业晋升通道，帮助员工排解工作

压力，与员工创建共同愿景等方式，建立并维护好员工的心理契约。此外，也有学者研究发现，交易型心理契约和关系型心理契约、发展型心理契约的关系并不是一个连续体的两极，员工在报告有一个高关系契约存在的同时，也存在一个高的交易契约[202]，也就是说，员工可能同时拥有两种心理契约。那么，管理者需要既做好员工的利益分享比例管理工作，又要充分发挥激励和约束的双重管理功效，让员工可以与组织的心理契约更匹配。

### 五、管理者应该建立组织与员工之间，员工与员工之间深度联结机制

本书表明，关系嵌入对员工创新行为具有显著的正向影响。同时，员工帮助计划中的成长培训服务影响员工创新行为也需要通过心理契约的中介实现。并且员工帮助计划要通过心理契约和关系嵌入的链式中介来影响员工创新行为。因此可见，关系嵌入是非常重要的中介变量。管理人员除多举办活动让员工增加相互认识、了解的机会，还应该想办法促进员工与组织，员工之间的深度联结。

首先，可以建立与员工之间的信息共享机制。组织可以通过建立组织内的社群，并通过开展相应的社群活动，鼓励员工自由地进行共享。员工在社群互动过程中，从其他成员那里获取到信息，帮助自己完成任务而获得利益，会进一步增强与他人联结的愿望，逐步产生对组织的认同感和归属感，使员工更愿意主动与他人分享信息，强化了其与他人的嵌入广度。同时，组织也可以定期发布信息，让员工及时了解组织动态。

其次，建立与员工之间的信任机制。管理者应加强对员工的信任，为员工提供工作所需要的软硬件资源，进行一定的授权，并为员工开展工作提供服务。现有研究已经证明授权型领导[16]、共享型领导[203]等对员工创新行为有促进作用。组织可以通过对管理者开展相应的培训，帮助管理者逐步向授权型、共享型、包容型或服务型领导转变。

## 第四节　研究局限及展望

本书较为系统地实证研究了员工帮助计划对员工创新行为的影响机制，检验了提出的假设，得到了一些有价值的研究结论，但仍存在以下不足：

## 一、研究样本的局限

本书以宁夏、陕西、甘肃、青海、新疆 5 省份通信公司员工为调查对象。研究样本采集的地域和行业分布多样性不足。样本主要来自西北地区，缺乏中部和东部地区的样本。并且只选择了一种行业，虽然该行业在不同地区有所区别，但还缺乏其他使用员工帮助计划的行业和企业的样本。样本存在客观局限性的问题。未来的研究可以在全国多地域、多行业中采集样本数据，拓展样本的多样性，以提高研究结论的普适性。同时，也可以对行业、地域、人群等进行对比分析。

## 二、研究设计的局限

由于能力和时间的关系，本书使用了截面数据，而未采取纵向研究的方式进行研究。而员工帮助计划是一项持续实施的管理实践工作，创新想法的产生到创新行为的实施也是一个动态的过程，未来的研究中可以使用跟踪调查的方式进行纵向研究，这样可以更好地观察员工帮助计划对员工创新行为作用的动态过程。

## 三、中介变量选取的局限

本书只关注了个人因素方面的心理契约和人际互动因素方面的关系嵌入两个变量。在现实中，影响员工创新行为的个体因素、组织因素和环境因素有很多。未来的研究可以考虑其他因素对员工创新行为的影响。也可以选取多个同一类别的变量进行对比分析。

## 四、估计方法的局限

本书定量研究部分主要使用的是结构方程模型，结构方程模型的主要估计方法有频率学派方法和贝叶斯方法两大类，本书使用的是频率学派估计法。虽然本书使用的估计方法应用范围更广，但频率学派方法将未知参数当作常数处理，并且根据样本参数来估计总体参数的处理方法造成研究更加依赖大样本渐进理论。而贝叶斯方法在小样本研究中依然表现优良[204]，并且可以处理更为复杂的模型，提供更多有效的统计量，对未知参数估计得更加准确[205]。因此，在后续的研究中，可以使用贝叶斯方法进行参数估计。

# 参考文献

［1］苏屹，周文璐，崔明明，赵健宇. 共享授权型领导对员工创新行为的影响：内部人身份感知的中介作用［J］.管理工程学报，2018，32（2）：17-26.

［2］张西超. 员工帮助计划［M］.北京：中国人民大学出版社，2015.

［3］张宏如. 中国情境下的员工帮助计划理论与实践［M］.北京：北京大学出版社，2015.

［4］Degroot T.，Kiker D. S. A meta-analysis of the non-moneary effects of empoyee health management programs［J］.Human Resource Management，2003，42（1）：53-69.

［5］Wolfe R. A.，Parker D.，Napier N. Employee health management and organizational performance［J］.Journal of Applied Bdiavioral Science，1994（30）：22-42.

［6］李凤莲. 高新技术企业 HRM 系统对员工创新行为影响研究［D］.辽宁大学博士学位论文，2016.

［7］冯彩玲. 差异化变革型领导对员工创新行为的跨层次影响［J］.管理评论，2017，29（5）：120-130.

［8］Scott S. G.，Bruce R. A. Determinants of innovative behavior：A path model of individual innovation in the workplace［J］.Academy of Management Journal，1994，37（3）：580-607.

［9］Anderson N.，Potočnik K.，Zhou J. Innovation and creativity in organizations：A state-of-the-science review，prospective commentary，and guiding framework［J］.Journal of Management，2014，40（5）：1297-1333.

［10］Amabile T.M. Motivation and creativity：Effects of motivation orientation on creative writers［J］.Journal of Personality and Social Psychology，1985（48）：393-399.

［11］Mussner T.，Strobl A.，Veider V.，Matzler K. The effect of work ethic on employees' individual innovation behavior［J］.Creativity & Innovation Management，2017，26（4）：391-406.

［12］Amabile T. M. How to kill creativity［J］.Harvard Business Review，1998，76（5）：76.

［13］Bednall T. C.，Rafferty A. E.，Shipton H.，Sanders K.，Jackson C.J. Innovative behavior：How much transformational leadership do you need?［J］.British Journal of Management，2018，29（4）：796-816.

［14］Newman A.，Tse H.H.M.，Schwarz G.，Nielsen I. The effects of employees' creative self-efficacy on innovative behavior: The role of entrepreneurial leadership［J］. Journal of Business Research，2018（89）：1-9.

［15］Wu Y. The Influence of paternalistic leadership on the creative behavior of knowledge workers-based on the perspective of psychological contractual perception［J］. Open Journal of Business and Management，2018，6（2）：478.

［16］杨建春，毛江华. 授权型领导对酒店员工创新服务行为的影响研究［J］.软科学，2019，33（11）：80-84.

［17］Amabile T.M.，Conti R.，Coon H.，Lazenby J.，Herron M. Assessing the work environment for creativity［J］. Academy of Management Journal，1996，39（5）：1154-1184.

［18］Sanders K.，Jorgensen F.，Shipton H.，Van Rossenberg Y.，Cunha R.，Li X.B.，et al. Performance-based rewards and innovative behaviors［J］. Human Resource Management，2018，57（6）：1455-1468.

［19］Hyun S. L.，Seong A. H. Factors affecting hospital employees'knowledge sharing intention and behavior，and innovation behavior［J］. Osong Public Health & Research Perspectives，2014，5（3）：148-155.

［20］Liu X.Y.，Huang Q.H.，Dou J.S.，Zhao X.D. The impact of informal social interaction on innovation capability in the context of buyer-supplier dyads［J］. Journal of Business Research，2017（78）：314-322.

［21］Bandura A. Exercise of personal agency through the self-efficacy mechanism［A］. In R. Schwarzer. Self-efficacy：Thought control of action［C］.Washington，D.C.：Hemisphere，1992：3-38.

［22］顾远东，彭纪生. 组织创新气氛对员工创新行为的影响：创新自我效能感的中介作用［J］.南开管理评论，2010，13（1）：30-41.

［23］邓玉林，吴洁，达庆利. 基于制度逻辑的不同上下级关系对员工创新行为的差异化影响机制研究［J］.中国管理科学，2020，29（9）：236-248.

［24］David E. B.，Cheri Ostroff. Understanding HRM-Firm performance linkages：The role of the "Strength" of the HRM system［J］.Academy of Management Review，2004，29（4）：203-221.

［25］纪玉青，李霜，王瑾，刘晓曼，任军，王超. 互联网企业员工职业应激与职业倦怠及抑郁倾向的关系研究［J］. 中华劳动卫生职业病杂志，2018，36（4）：241-246.

［26］Arthur A. R. Employee assistance programmes：The emperor's new clothes of stress management?［J］. British Journal of Guidance and Counselling，2000，28（4）：549- 559.

［27］Csiemik R. A review of EAP evaluation in the 1990s［J］. Employee Assistance Quarterly，2004（19）：21-37.

［28］刘洁琼. 团队内交换关系对员工及团队创造力的影响效应和作用机制研究［D］. 华南理工大学博士学位论文，2019.

［29］吕萍. 霍曼斯与布劳德社会交换理论比较［J］.沈阳师范学院学报（社会科学版），1996（3）：27-29.

［30］Blau P. Exchange and power in social life［M］. Hoboken，NJ：Wiley，1964.

［31］Jeffrey A.Miles. 管理与组织研究必读的 40 个理论［M］.北京：北京大学出版社，2017.

［32］Molm L.G. Structure，action，and outcomes：The dynamics of power in social exchange［J］. American Sociological Review，1990（55）：427-447.

［33］Gouldner A.W. The norm of reciprocity：A preliminary statement［J］. American Sociological Review，1960（25）：161-178.

［34］Mehrabian A，Russell J A. An approach to environmental psychology［M］. Cambridge：MIT Press，1974.

［35］于茜虹，陈锋. 基于集聚印象理论的商业街文化属性与消费者关系研究［J］.商业时代，2011（6）：30-31.

［36］阳毅，游达明. 组织情境中个体知识行为的领导驱动机制研究［J］.中国软科学，2013（6）：119-126.

［37］王雁飞. 国外员工援助计划相关研究述评［J］.心理科学进展，2005（2）：219-226.

［38］孙雪梅. 员工帮助计划（EAP）对知识型员工心理契约的影响研究［D］.辽宁大学博士学位论文，2016.

［39］Hartwell T. D.，Steele P.，French M. T.，Potter F. J.，Rodman N. F.，Zarkin G. A. Aiding troubled employees：The prevalence cost，and characteristics of employee assistance programs in the United States［J］. American Journal of Public Health，1996，86（6）：804-808.

［40］Robert. Help-seeking intentions and the predictor role of social axioms in employee assistance programmes［D］. 华中师范大学博士学位论文，2014.

［41］刘亚林. EAP（员工援助计划）的成本、效用理论研究与实证分析［D］.首都经济贸易大学博士学位论文，2008.

［42］Fonda P. Employee assistance programs：A new way to control health care costs［J］. Employee Benefit Plan Review，2003，58（2）：22-24.

［43］Attridge M.，Sharar D.，DeLapp G.，Veder B. EAP works：Global results from 24363 counseling cases with prepost data on the workplace outcome suite［J］. Intl J Health Product，2018，10（2）：5-25.

［44］Marc M.The impact of a Canadian external Employee Assistance Program on mental health and workplace functioning：Findings from a prospective quasi-experimental study［J］. Journal of Workplace Behavioral Health，2019，34（3）：167-191.

［45］Willemse R. An investigation into the South African correctional officers' experiences of their work and the Employee Assistance Programme［J］. South African Journal of Psychology，2021，51（4）：7–14.

［46］岑鸿宇，韦思遥，张西超，赵简. 员工帮助计划（EAP）对员工的影响：组织支持感（POS）的中介作用［J］.经济科学，2012（5）：119–128.

［47］熊彼特. 经济发展理论［M］.北京：华夏出版社，2015.

［48］Hurt H.T.，Joseph K.，Cook C. D. Scale for the measurement of innovativeness［J］. Human Communication Research，1977，4（1）：58–65.

［49］Kleysen F. R.，Street C. T. Toward a multi–dimensional measure of individual innovative behavior［J］. Journal of Intellectual Capital，2001，3（2）：284–296.

［50］Woods S. A.，Mustafa M. J.，Anderson N.，Sayer B. Innovative work behavior and personality traits：Examining the moderating effects of organizational tenure［J］. Journal of Managerial Psychology，2018，33（1）：29–42.

［51］甄美荣. 组织创新气氛对员工创新行为的影响——心理资本的中介效应与目标取向的调节效应［D］.南京大学博士学位论文，2012.

［52］Proudfoot D.，Kay A. C.，Koval C. Z. A gender bias in the attribution of creativity：Archival and experimental evidence for the perceived association between masculinity and creative thinking［J］. Psychological Science，2015，26（11）：1751–1761.

［53］Luksyte A.，Unsworth K. L.，Avery D. R. Innovative work behavior and sex–based stereotypes：Examining sex differences in perceptions and evaluations of innovative work behavior［J］. Journal of Organizational Behavior，2018，39（3）：292–305.

［54］Abukhait R.，Bani–Melhem S.，Mohd Shamsudin F. Do employee resilience，focus on opportunity，and work–related curiosity predict innovative work behaviour? The mediating role of career adaptability［J］. International Journal of Innovation Management，2020，24（7）：7–14.

［55］Janssen O.，Van de Vliert D.，West M. The bright and dark sides of individual and group innovation：A special issue introduction［J］. Journal of Organizational Behavior，2004，25（2）：129–145.

［56］Tierney P.，Farmer S. M. Creative self– efficacy：Its potential antecedents and relationship to creative performance［J］. Academy of Management Journal，2002，45（6）：1137–1148.

［57］Amabile T.M.，Barsadesg S.G.，Mueller J.S.，Staw B.M. Affect and Creativity at work［J］. Administrative Science Quarterly，2005，50（3）：367–403.

［58］Georgem J.，Zhou J. Understanding when bad moods foster creativity and goodones don't：The role of context and clarity of feelings［J］. Journal of Applied Psychology，2002，87（4）：687–697.

［59］Eisenberger R.，Fasolo P.M.，Davis–LaMastroV. Effects of perceived organizational support on employee diligence, innovation, and commitment [J]. Journal of Applied Psychology, 1990 (53): 51–59.

[60] Montani F., Dagenais-Desmarais V., Giorgi G. A conservation of resources perspective on negative affect and innovative work behaviour: The role of affect activation and mindfulness [J]. Journal of Business and Psychology, 2018, 33 (1): 123–139.

[61] Martin-Hernandez P., Ramos J., Zornoza A., Lira E.M., Peiro J.M. Mindfulness and job control as moderators of the relationship between demands and innovative work behaviours [J]. Journal of Work and Organizational Psychology, 2020, 36 (2): 95–101.

[62] Phil-Thingvad S., Klausen K.K. Managing the implementation of innovation strategies in public service organisation-how managers may support employees innovative work behaviour [J]. International Journal of Innovation Management, 2020, 24 (4): 7–14.

[63] Fan P., Yi X.S., Nepal S., Lee H. Can cultural intelligence affect employee's innovative behavior? Evidence from Chinese migrant workers in south korea [J]. Original Research, 2020 (11): 7–14.

[64] 于海云、阚丽雯、商燕劼. 文化差异感知、沟通模式与员工创新行为 [J]. 科研管理, 2020, 41 (12): 139–148.

[65] 马伟、苏杭. 差序氛围感知对员工创新行为的影响 [J]. 科技进步与对策, 2020, 37 (21): 136–143.

[66] 郝旭光、张嘉祺、雷卓群、刘文琦. 平台型领导: 多维度结构、测量与创新行为影响验证 [J]. 管理世界, 2021, 37 (1): 186–199+216+12.

[67] 杨皖苏、杨善林、杨希. 主动性—被动性员工创新行为: 基于分布式领导的作用机制研究 [J]. 中国管理科学, 2020, 28 (6): 182–192.

[68] 沈伊默、马晨露、白新文、诸彦含、鲁云林、张庆林, 等. 辱虐管理与员工创造力: 心理契约破坏和中庸思维的不同作用 [J]. 心理学报, 2018, 51 (2): 238–247.

[69] 陈春花、廖琳、李语嫣、王甜. 有压力才有动力: 挑战性压力源对个体创新行为的影响 [J]. 科技进步与对策, 2021, 38 (11): 135–142.

[70] 杨皖苏、杨希、杨善林. 挑战性压力源对新生代员工主动性—被动性创新行为的影响 [J]. 科技进步与对策, 2019, 36 (8): 139–145.

[71] Durand R., Thornton P.H. Categorizing institutional logics, institutionalizing categories: A review of two literatures [J].The Academy of Management Annals, 2018, 12 (2): 631–658.

[72] 孙锐、石金涛、张体勤. 中国企业领导成员交换、团队成员交换、组织创新气氛与员工创新行为关系实证研究 [J]. 管理工程学报, 2009, 23 (4): 109–115.

[73] Zhou X., Rasool S.F., Ma D.W. The relationship between workplace violence and

innovative work behavior: The mediating roles of employee wellbeing [ J ]. Healthcare, 2020, 8（3）: 7-14.

[ 74 ] Strobl A., Matzler K., Nketia B.A., Veider V. Individual innovation behavior and firm-level exploration and exploitation: How family firms make the most of their Managers [ J ].Review of Managerial Science, 2020, 14（4）: 809-844.

[ 75 ] Gao Q.Y., Wu C.S., Wang L.C., Zhao X.Y. The entrepreneur's psychological capital, creative innovation behavior, and enterprise performance [ J ]. Frontiers in Psychology, 2020（11）: 7-14.

[ 76 ] 龙裕，赵乃明，李洋，但鑫. 护士自我效能在个人创新行为和职业成功中的中介作用 [ J ].天津护理，2020，28（4）: 143-147.

[ 77 ] Levinson H., Price C. R., Munden K.J., Mandl H.J., Solley C.M. Men, management, and mental health [ M ]. Cambridge, MA: Harvard University Press, 1962.

[ 78 ] Kotter J. P. The Psychological Contract: Managing the Joining-Up Process [ J ]. California Management Review, 1973, 15（3）: 91-99.

[ 79 ] 陈加洲，凌文轻，方俐洛. 组织中的心理契约 [ J ].管理科学学报，2001（2）: 74-78.

[ 80 ] Rousseau D.M. New hire perspectives of their own and their employers obligations: A study of psychological contracts [ J ]. Journal of Organizational Behavior, 1990 （11）: 389-401.

[ 81 ] 李原. 员工心理契约的结构及相关因素研究 [ D ].首都师范大学博士学位论文，2002.

[ 82 ] 彭川宇. 知识员工心理契约与其态度行为关系研究 [ D ].西南交通大学博士学位论文，2008.

[ 83 ] 张敏，赵李晶，赵曙明. 人力资源归因对建言行为的影响：心理契约的中介作用 [ J ].经济与管理研究，2020，41（4）: 120-131.

[ 84 ] Rousseau D.M., Greller M.M. Human resource practices: Administrative contract makers [ J ]. Human Resource Management, 1994（3）: 385-401.

[ 85 ] Guest D. E. Is the psychological contract worth taking seriously? [ J ].Jounal of Organizational Behavior, 1998（19）: 649-664.

[ 86 ] 魏峰. 组织—管理者心理契约违背研究 [ D ].复旦大学博士学位论文，2004.

[ 87 ] Rousseau D. M.Schema, promise and mutuality: The building blocks of the psychological contract [ J ]. Journal of Occupational and Organizational Psychology, 2001（74）: 511-541.

[ 88 ] Agarwal U. A., Gupta R. K. Examining the nature and effects of psychological contract: Case study of an Indian organization [ J ]. Thunderbird International Business Review, 2018, 60（2）: 175-191.

[ 89 ] Jayaweera T., Bal M., Chudzikowski K., de Jong S.The impact of economic factors on

the relationships between psychological contract breach and work outcomes：A meta-analysis［J］. Employee Relations，2020，43（3）：667–686.

［90］Ampofo E.T. Do job satisfaction and work engagement mediate the effects of psychological contract breach and abusive supervision on hotel employees' life satisfaction?［J］. Journal of Hospitality Marketing & Management，2020，30（3）：282–304.

［91］Quratulain S.，Khan A. K.，Crawshaw J. R.，Arain G. A.，Hameed I. A study of employee affective organizational commitment and retention in Pakistan：The roles of psychological contract breach and norms of reciprocity［J］. The International Journal of Human Resource Management，2018，29（17）：2552–2579.

［92］Zacher H.，Rudolph C.W. Relationships between psychological contract breach and employee well–being and career–related behavior：The role of occupational future time perspective［J］. Journal of Organizational Behavior，2020，42（1）：84–99.

［93］Kumar K.，Bhattacharya S.，Hicks R. Employee perceptions of organization culture with respect to fraud –where to look and what to look for［J］. Pacific Accounting Review，2018，30（2）：187–198.

［94］Guo Y.G. Effect of psychological contract breach on employee voice behavior：Evidence from China［J］. Social Behavior and Personality：An International Journal，2017，45（6）：1019–1028.

［95］王贵军. 心理契约感知、组织承诺与员工创新行为的关系研究［J］.中国人力资源开发，2015（11）：58–65.

［96］Griep Y.，Vantilborgh T. Let's get cynical about this! Recursive relationships between psychological contract breach and counterproductive work behavior［J］. Journal of Occupational and Organizational Psychology，2018，91（2）：421–429.

［97］钟熙，王甜，宋铁波，付晔. 心理契约破裂会引致员工非伦理行为吗？——基于道德推脱的中介作用和马基雅维利主义的调节作用［J］. 管理工程学报，2020，34（6）：39–45.

［98］王树乔，王惠，李小聪，丁瑾. 心理契约、知识共享与高校科研团队创新绩效［J］.技术经济与管理研究，2017（4）：33–38.

［99］伍紫君，翟育明，王震，孙万芹. 心理契约、员工知识共享意愿与创新绩效：基于技术融合模式的调节效应［J］.上海对外经贸大学学报，2018，25（4）：59–71.

［100］Rousseau D. M.，Hansen S. D.，Tomprou M.A dynamic phase model of psychological contract processes［J］. Journal of Organizational Behavior，2018，39（9）：1081–1098.

［101］Granovetter M. Economic action and social structure：The problem of embeddedness［J］. The American Journal of Socioloqy，1985，91（3）：481–510.

［102］Granovetter M. Economic institutions as social constructions：A framework for analysis

［J］．Acta Sociologica（Taylor & Francis Ltd），1992（1）：3–11.

［103］Uzzi B. The sources and consequences of embeddedness for the economic performance of organizations：The network effect［J］．American Sociological Review，1996，61（4）：674–698.

［104］Andersson U.，Forsgren M.，Holm U. The strategic impact of external networks：Subsidiary performance and competence development in the multinational corporation［J］．Strategic Management Journal，2002（11）：97–99.

［105］Gulati R.，Gargiulo M. Where do interorganizational networks come from?［J］．American Journal of Sociology，1999，104（5）：1439–1493.

［106］Simsek Z.，Michael H. L.，Floyd S. W. Inter–firm networks and entrepreneurial behavior：A structural embeddedness perspective［J］．Journal of Management，2003，29（3）：427–442.

［107］O'Neill E.，Clarke P.，Fido D.，Vione K.C.The role of future time perspective，body awareness，and social connectedness in the relationship between self–efficacy and resilience［J］．International Journal of Mental Health And Addiction，2020（1）：7–14.

［108］姜鑫，杨皎平．众包社区互动、利益感知与社区关系嵌入研究［J］．商业经济研究，2018（7）：112–114.

［109］McEvily B.，Marcus A. Embedded ties and the acquisition of competitive capabilities［J］．Strategic Management Journal，2005，26（11）：1033–1055.

［110］王炯．全球制造网络中网络嵌入性对企业绩效的影响研究［D］．浙江大学博士学位论文，2006.

［111］Shi X.X.，Lu L.，Zhang W.，Zhang Q.P. Structural network embeddedness and firm incremental innovation capability：The moderating role of technology cluster［J］．Journal of Business & Industrial Marketing，2020（1）：7–14.

［112］刘群慧，李丽．关系嵌入性、机会主义行为与合作创新意愿——对广东省中小企业样本的实证研究［J］．科学学与科学技术管理，2013，34（7）：83–94.

［113］周键，杨鹏，刘玉波．新创企业何以达成商业模式创新？——内外部关系嵌入和资源拼凑视角［J］．软科学，2021，35（5）：93–98.

［114］吴晓波，韦影．制药企业技术创新战略网络中的关系性嵌入［J］．科学学研究，2005，23（4）：561–565.

［115］张慧，周小虎，鞠伟，李骥．关系嵌入性和网络认知能力对企业战略的影响——基于山东、江苏、安徽相关数据分析［J］．华东经济管理，2020，34（12）：18–28.

［116］Yan Y.，Zhang J.J.，Guan J.C.Network embeddedness and innovation：Evidence from the alternative energy field［J］．IEEE Transactions on Engineering Management，2020，67（3）：769–782.

［117］施萧萧，张庆普. 网络嵌入对企业突破性创新能力影响研究——以网络分裂断层为调节变量［J］. 科学学与科学技术管理，2021，42（1）：92-109.

［118］李志远，陈晓晓. 基于客户知识网络关系嵌入的客户忠诚影响机制研究［J］. 软科学，2014，28（9）：99-104.

［119］金明华，潘孟阳. 社会网络视角下关系嵌入对消费者网络团购意愿的影响［J］. 商业经济研究，2018（12）：52-56.

［120］Glaser B.G., Strauss A. L. The discovery of grounded theory: Strategies for qualitative research［M］. New Brunswick, NJ: Aldine Transaction, 1967.

［121］徐淑英，张志学. 管理问题与理论建立：开展中国本土管理研究的策略［J］. 南大商学评论，2005，17（4）：1-17.

［122］Denzin Y., Lincoln S. The sage handbook of Qualitative Research［M］.Thousand Oaks: Sage Publications, 2011.

［123］Strauss A., Corbin J.M. Grounded theory in practice［M］. Thousand Oaks: Sage Publications, 1997.

［124］Charmaz K. Constructing grounded theory［M］. Thousand Oaks: Sage Publications, 2006.

［125］Gersick C. J.G .Time and transition in work teams: Toward a new model in group development［J］.Academy of Management Journal, 1988, 31（1）: 9-41.

［126］陈向明. 质的研究方法与社会科学研究［M］.北京：北京教育出版社，2000.

［127］Yang W.G., Hao Q., Song H.F. Linking supervisor support to innovation implementation behavior via commitment the moderating role of coworker support［J］. Journal of Managerial Psychology, 2020, 35（3）: 129-141.

［128］Tajfel H., Turner J.C. The social identity theory of intergroup behavior［M］. Chicago: Nelson Hall, 1985.

［129］Leiter M. P., Hkanen J.J., Ahola K., Toppinen-Tanner S., Koskinen A., Vaananen A. Organizational predictors and health consequences of changes in burnout: A 12-year cohort study［J］. Journal of Organizational Behavior, 2013, 34（7）: 959-973.

［130］张昊民，曹飞苑. 职场友谊之光能否照亮员工创新行为——基于资源保存理论的研究［J］.领导科学，2020（2）：37-40.

［131］于贵芳，温珂，方新. 信任水平、合作关系与创新行为：社会交换理论视角下公立科研机构创新行为的影响因素研究［J］.科学学与科学技术管理，2020，41（2）：78-93.

［132］Van Buren I., Harry J. Boundaryless careers and employability obligations［J］. Business Ethics Quarterly, 2003, 13（2）: 131-149.

［133］刘小平，王重鸣. 中西方文化背景下的组织承诺及其形成［J］.外国经济与管理，2002，24（1）：17-21.

［134］翁清雄. 职业成长对员工承诺与离职的作用机理研究［D］.华中科技大学博士

学位论文，2009.

［135］陈加洲. 员工心理契约的作用模式和管理对策［M］. 北京：人民出版社，2007.

［136］Nadolski J.N.，Sandonato C. E. Evaluation of an employee assistance program［J］. Journal of Occupational Medicine，1987，29（1）：32-43.

［137］汤超颖，邹会菊. 基于人际交流的知识网络对研发团队创造力的影响［J］. 管理评论，2012，24（4）：94-100.

［138］De Kock J.H.，Latham H. A.，Leslie S.J.，Grindle M.，Munoz S.A.，Ellis L.，et al. A rapid review of the impact of COVID-19 on the mental health of healthcare workers：Implications for supporting psychological well-being［J］. BMC Public Health，2021，21（1）：104.

［139］Darvishmotevali M.，Ali F. Job insecurity，subjective well-being and job performance：The moderating role of psychological capital［J］. International Journal of Hospitality Management，2020（87）：7-14.

［140］Robinson S. L.，Morrison E.W. The development of psychological contract breach and violation：A longitudinal study［J］. Journal of Organizational Behavio，2000，21（2）：525-546.

［141］Newton S. K.，Blanton J. E.，Will R. Innovative work and citizenship behaviors from information technology professionals：Effects of their psychological contract［J］. Information Resources Management Journal，2008，21（4）：27-48.

［142］朱嘉蔚，朱晓妹，孔令卫. 心理契约多元关系路径及其影响效应研究——基于扎根理论的个案分析［J］. 江西社会科学，2019，39（3）：215-224.

［143］瞿澄. 高新技术企业知识型员工关键激励因素识别与策略体系构建——基于聚类与 Nvivo 质性分析的双重考量［J］. 科学管理研究，2018，36（1）：77-80.

［144］尹洁林，徐枞巍. 心理契约与员工行为的关系研究［J］. 北京航空航天大学学报（社会科学版），2009，22（3）：12-16.

［145］王战平，周阳，谭春辉，朱宸良. 心理契约的履行对虚拟学术社区科研人员 EVLN 行为的影响［J］. 现代情报，2020，40（1）：49-57.

［146］Ng T. W. H.，Feldman D.，Butts M.M. Psychological contract breaches and employee voice behavior：Themod-erating effects of changes in social relationships［J］. European Journal of Work & Organizational Psychology，2014，23（4）：537-555.

［147］Tiwana A. Do bridging ties complement strong ties? An empirical examination of alliance ambidexterity［J］. Strategic Management Journal，2008，29（3）：251-272.

［148］梁启华，余光胜. 基于心理契约的企业默会知识转化与共享管理［J］. 研究与发展管理，2006，18（1）：77-84.

［149］Salin D.，Notelaers G. The effects of workplace bullying on witnesses：Violation of the psychological contract as an explanatory mechanism?［J］. International Journal of Human Resource Management，2020，31（18）：2319-2339.

［150］Braganza A., Chen W.F., Canhoto A., Sap S. Productive employment and decent work: The impact of AI adoption on psychological contracts, job engagement and employee trust［J］. Journal of Business Research, 2021（131）: 485–494.

［151］谭云清, 翟森竞. 关系嵌入、资源获取与中国 OFDI 企业国际化绩效［J］. 管理评论, 2020, 32（2）: 29–39.

［152］周礼, 金晨晨. 网络嵌入对企业绿色创新的影响与作用机制: 吸收能力的中介作用［J］. 科技进步与对策, 2021, 38（5）: 79–86.

［153］Li G.P., Wang X.Y., Wu J.H. How scientific researchers form green innovation behavior: An empirical analysis of China's enterprises［J］. Technology in Society, 2019（56）: 134–146.

［154］Kurniawan P., Hartati W., Qodriah S., Badawi B. From knowledge sharing to quality performance: The role of absorptive capacity, ambidexterity and innovation capability in creative industry［J］. Manag. Sci. Lett, 2020（10）: 433–442.

［155］Hrist G., van Knippenberg D., Zhou J. A cross–level perspective on employee creativity goal orientation, team learning behavior, and individual creativity［J］. Academy of Management Journal, 2009, 52（2）: 280–293.

［156］Bordia P., Restubog S. L. D., Bordia S., Tang R. L. Effects of resource availability on social exchange relationships: The case of employee psychological contract obligations［J］. Journal of Management, 2017, 43（5）: 1447–1471.

［157］Guest D. E. Human resource management and employee well–being: Towards a new analytic framework［J］. Human Resource Management Journal, 2017, 27（1）: 22–38.

［158］Fu Y., Zhong X. Psychological contract breach, trust in supervisor and employees' knowledge sharing: The moderating role of machiavellianism［J］. Science & Technology Progress and Policy, 2020, 37（4）: 147–152.

［159］Turnley W.H., Bolino M.C., Lester S.W., Bloodgood J.M. The effects of psychological contract breach on union commitment［J］. Journal of Occupational and Organizational Psychology, 2004（77）: 421–428.

［160］Eva N., Meacham H., Newman A., Schwarz G., Tham T.L. Is coworker feedback more important than supervisor feedback for increasing innovative behavior?［J］. Human Resource Management, 2019, 58（4）: 383–396.

［161］Brown J.S., Duguid P. Organizational learning and communities of practice［J］. Organization Science, 1991, 2（1）: 40–57.

［162］巧希, 彭雷清. 基于智力资本的社会企业创新流程研究［J］. 管理世界, 2011（6）: 180–181.

［163］Xanthopoulou D., Bakker A. B., Demerouti E., Schaufelib W.B. Reciprocal relationships between job resources, personal resources, and work engagement［J］.

　　　　　 Journal of Vocational Behavior，2009，74（3）：235-244.

［164］Nazanin M. Leading different dimensions of organization performance through human resource management［J］. International Journal of Human Resource Studies，2016，6（4）：54-66.

［165］林新奇，丁贺. 人力资源管理强度对员工创新行为影响机制研究——一个被中介的调节模型［J］. 软科学，2017，31（12）：60-64.

［166］张宏如. 协同与创新——员工帮助计划与企业社会工作关系研究［J］. 江苏社会科学，2014（1）：81-84.

［167］王巍，孙笑明，崔文田，李程. 关系强度和结构洞对关键研发者知识扩散的影响——成长阶段的调节效应［J］. 管理科学，2019，32（4）：105-116.

［168］Cummings A.，Oldham G.R. Enhancing creativity：Managing work contexts for the high potential employee［J］.California Management Review，1997，40（1）：22-38.

［169］Madjar N. Emotional and informational support from different sources and employee creativity［J］. Journal of Occupational and Organizational Psychology，2008，81（1）：83-100.

［170］万鹏宇，徐明津，黄霞妮，冯志远，杨新国. 酒店一线员工工作家庭冲突对工作投入的影响：心理资本的中介作用和性别的调节作用［J］. 现代预防医学，2016，43（19）：3543- 3546.

［171］Eagly A.H.，Nater C.，Miller D.I.，Kaufmann M.，Sczesny S.Gender stereotypes have changed：A cross-temporal meta-analysis of US public opinion polls from 1946 to 2018［J］. American Psychologist，2020，75（3）：301-315.

［172］Thompson P.S.，Bergeron D.M.，Bolino M.C. No obligation? How gender influences the relationship between perceived organizational support and organizational citizenship behavior［J］. Journal of Applied Psychology，2020，105（11）：1338-1350.

［173］王惠萍，吴国杰，张巧明. 山东省中小学教师心理契约的结构及影响因素研究［J］. 心理研究，2010，3（4）：85-90.

［174］何元庆，李璐，石晓磊. 376 名大学生个体心理咨询记录的计量分析［J］. 中国卫生事业管理，2014，31（11）：865-866+879.

［175］Ng T. W.，Feldman D. C. Does longer job tenure help or hinder job performance?［J］. Journal of Vocational Behavior，2013（83）：5-14.

［176］刘小平. 组织承诺影响因素比较研究［J］. 管理科学，2003（8）：7-12.

［177］林桂碧. 他山之石——台湾地区 EAP 的发展与现状［J］. 企业研究，2003（18）：66-67.

［178］Macneil I.R. Relational contract：What we do and do not know［J］. Wisconsin Law Review，1985（10）：483-525.

［179］Tinsley C.，Lee C.，Chen Z.X. Psychological normative contracts of Work group member in the US and Hongkong［R］. Thousand Oaks：Sage，2000.

［180］Dabos G. E.，Rousseau D. M. Mutuality and reciprocity in the psychological contracts of employee and employers［J］. Journal of Applied Psychology，2004，89（1）：52-72.

［181］李原，郭德俊. 员工心理契约的结构及其内部关系研究［J］. 社会学研究，2006（5）：151-168.

［182］Shapiro J. C.，Kessler I. Consequences of the psychological contract for the employment relationship：A large scale survey［J］. Journal of Management Studies，2000，37（7）：903-930.

［183］Chulsoon P. Relationship between a firm's embeddedness and knowledge base in an inter-organizational network［J］. Journal of Engineering and Technology Management，2019，36（2）：53-67.

［184］许冠南. 关系嵌入性对技术创新绩效的影响研究——基于探索型学习的中介机制［D］. 浙江大学博士学位论文，2008.

［185］Steiger J.H. Structure model evaluztion and modification：An interval estimation approach［J］. Multivariate Behavioral Research，1990（25）：173-180.

［186］Podsakoff P.M.，Mackenzie S.B.，Lee J. Y.，Podsakoff N.P.Common method biases in behavioral research：A critical review of the literature and recommended remedies［J］. The Journal of Applied Psychology，2003，88（5）：879-903.

［187］Bagozzi R. P.，Yi Y. On the evaluation of structural equation models［J］. Journal of the Academy of Marketing Science，1988，16（1）：74-94.

［188］侯杰泰，温忠麟，成子娟. 结构方程模型及其应用［M］. 北京：教育科学出版社，2004.

［189］林嵩，姜彦福. 结构方程模型理论及其在管理研究中的应用［J］. 科学学与科学技术管理，2006（2）：38-41.

［190］Lin W.Y.，Hau K.T.Structural equation modeling：Model equivalency and respecification［J］. Educational Journal，1995（23）：147-162.

［191］Fornell C.，Larcker D. F. Evaluating structural equation models with unobservable variables and measurement error［J］. Journal of Marketing Research，1981，18（1）：39-50.

［192］Wu C.H.，Parker S.K.，De Jong J. P. J. Need for cognition as an antecedent of individual innovation behavior［J］. Journal of Management，2014，40（6）：1511-1534.

［193］温忠麟，叶宝娟. 中介效应分析：方法和模型发展［J］. 心理科学进展，2014，22（5）：731-745.

［194］张利斌，张鹏，王豪. 关系嵌入、结构嵌入与知识整合效能：人—环境匹配视角的分析框架［J］. 科学学与科学技术管理，2012，33（5）：8-83.

［195］李海，姚蕾，张勉，朱金强．工作—家庭冲突交叉效应的性别差异［J］．南开管理评论，2017，20（4）：153–164.

［196］陆娟，宫火良．父母情感温暖对大学生痛苦表露倾向的影响：述情障碍的中介作用和性别的调节作用［A］．第二十二届全国心理学学术会议摘要集中国心理学会会议论文集［C］．杭州，2019：1454–1455.

［197］Lin N. Building a network theory of social capital［J］. Connections，1999（22）：28–51.

［198］Li H.，Feng Z.Y.，Liu C.L.，Cheng D.J. The impact of relative leader–member exchange on employees' work behaviors as mediated by psychological contract fulfillment［J］. Social Behavior & Personality an International Journal，2014，42（1）：79–88.

［199］毛凯贤，李超平．新员工主动行为及其在组织社会化中的作用［J］．心理科学进展，2015，23（12）：2167–2176.

［200］张西超．员工帮助计划——中国 EAP 的理论与实践［M］．北京：中国社会科学出版社，2006.

［201］王永洁．劳动力市场性别差异与女性赋权——基于 2016 年中国城市劳动力调查数据的分析［J］．人口与经济，2019（1）：95–109.

［202］Millward L. J.，Hopkins L.J. Psychological contracts，organizational and job commitment［J］. Journal of Applied Social Psychology，1998，28（16）：1530–1556.

［203］袁朋伟，董晓庆，翟怀远，冯群．共享领导对知识员工创新行为的影响研究——知识分享与团队凝聚力的作用［J］．软科学，2018，32（1）：87–91.

［204］Muthén B.，Asparouhov T.Bayesian structural equation modeling：A more flexible representation of substantive theory［J］. Psychological Methods，2012，17（3）：313–335.

［205］Pan J.，Ip E. H.，Dubé L. An alternative to post hoc model modification in confirmatory factor analysis：The Bayesian lasso［J］. Psychological Methods，2017，22（4）：687–704.

# 附录1 员工帮助计划相关问题访谈提纲

访谈对象：所在单位已开展员工帮助计划服务的员工、管理人员或提供员工帮助计划服务的咨询公司管理人员。

访谈方式：个人深度访谈。

访谈问题：

1. 您所在组织提供员工帮助计划服务吗？

2. 您了解的员工帮助计划服务都有哪些内容？

3. 您自己有使用过员工帮助计划服务吗？

4. 您认为哪些服务内容是大家比较需要的？

5. 您或您身边的人使用过员工帮助计划之后有什么感受？

6. 您或您身边的人使用过员工帮助计划之后和使用之前会有不同吗？（您觉得您的员工在使用员工帮助计划之后有什么变化？）

7. 您使用过员工帮助计划之后，心理有什么变化吗？

8. 您认为参加员工帮助计划对同事之间的关系有什么影响？

9. 您会向身边的人推荐员工帮助计划服务吗？为什么？

10. 您觉得在工作场所的创新行为一般受什么因素影响？

# 附录 2  正式问卷

## 员工帮助计划对员工创新行为影响的问卷调查

尊敬的女士 / 先生：

您好！

非常感谢您参与本次关于"员工帮助计划对员工创新行为影响"的学术调查。本次调查严格采取匿名方式进行，您的情况仅供研究者进行学术分析，不用于任何商业用途，也不对任何非研究人员公开，所以请不必有任何顾虑。您的宝贵意见对我非常重要，敬请您认真、如实、独立地填写。衷心感谢您百忙之中抽出时间协助本研究！祝您工作顺利，生活幸福！

2018 年 6 月

在问卷中，每个题目右边都有 5 个等级，从"非常不同意"到"非常同意"，请根据您的实际看法作出评价，在您认为最适当的位置上画"√"。如果有的问题让您感到比较模糊，请不必反复推敲，只要凭自己的第一感觉填写即可。

## 一、基本情况。请您在选项上画"√"

1.1 您的性别：

    A. 男                  B. 女

1.2 您的年龄：

    A. 25 岁及以下        B. 26 ~ 35 岁

    C. 36 ~ 45 岁         D. 46 岁及以上

1.3　您的婚姻状况：

  A. 已婚       B. 未婚

1.4　您的学历：

  A. 专科及以下   B. 本科    C. 研究生及以上

1.5　您在现单位的工作年限：

  A. 5 年以下    B. 5 ~ 10 年   C. 10 年以上

## 二、员工帮助计划

  请您根据实际情况，对表格中的相关描述进行评价，并在相应的数字上画"√"。问卷的每个题项都是单选，不要多选，也不要遗漏。

| | 非常不同意 | 比较不同意 | 不确定 | 比较同意 | 非常同意 |
|---|---|---|---|---|---|
| 公司提供的团队协作培训很有必要 | 1 | 2 | 3 | 4 | 5 |
| 公司提供的人际关系能力提升培训很有必要 | 1 | 2 | 3 | 4 | 5 |
| 公司提供的时间管理培训很有必要 | 1 | 2 | 3 | 4 | 5 |
| 公司提供的情绪管理培训很有必要 | 1 | 2 | 3 | 4 | 5 |
| 公司提供的新员工心理调适培训很有必要 | 1 | 2 | 3 | 4 | 5 |
| 公司提供的组织变革心理危机干预咨询服务很有必要 | 1 | 2 | 3 | 4 | 5 |
| 公司提供的家庭婚姻情感咨询服务很有必要 | 1 | 2 | 3 | 4 | 5 |
| 公司提供的生涯发展咨询服务很有必要 | 1 | 2 | 3 | 4 | 5 |
| 公司提供的突发事件后的心理干预很有必要 | 1 | 2 | 3 | 4 | 5 |
| 公司提供的压力管理咨询很有必要 | 1 | 2 | 3 | 4 | 5 |

## 三、心理契约

请您根据实际情况，对表格中的相关描述进行评价，并在相应的数字上画"√"。问卷的每个题项都是单选，不要多选，也不要遗漏。

|  | 非常不同意 | 比较不同意 | 不确定 | 比较同意 | 非常同意 |
|---|---|---|---|---|---|
| 我只是为了得到工作报酬而进行相应的工作 | 1 | 2 | 3 | 4 | 5 |
| 我只履行有限的工作责任 | 1 | 2 | 3 | 4 | 5 |
| 我没有向公司就未来的工作做出任何承诺 | 1 | 2 | 3 | 4 | 5 |
| 我愿意为周围的同事提供额外的帮助 | 1 | 2 | 3 | 4 | 5 |
| 我愿意忠于公司，并维护其形象 | 1 | 2 | 3 | 4 | 5 |
| 我愿意努力工作，以得到晋升的机会 | 1 | 2 | 3 | 4 | 5 |
| 我可以在工作需要时自愿加班 | 1 | 2 | 3 | 4 | 5 |
| 我愿意完成职责以外的其他工作 | 1 | 2 | 3 | 4 | 5 |
| 我能够接受工作调动 | 1 | 2 | 3 | 4 | 5 |

## 四、关系嵌入

请您根据实际情况，对表格中的相关描述进行评价，并在相应的数字上画"√"。问卷的每个题项都是单选，不要多选，也不要遗漏。

|  | 非常不同意 | 比较不同意 | 不确定 | 比较同意 | 非常同意 |
|---|---|---|---|---|---|
| 我和同事之间定期讨论工作问题 | 1 | 2 | 3 | 4 | 5 |
| 我和同事之间信息交流频繁且范围广泛 | 1 | 2 | 3 | 4 | 5 |
| 我和同事之间非常熟悉并彼此了解 | 1 | 2 | 3 | 4 | 5 |
| 我和同事之间能够信守工作承诺 | 1 | 2 | 3 | 4 | 5 |
| 我和同事之间能相互提醒可能存在的问题和变化 | 1 | 2 | 3 | 4 | 5 |
| 我和同事之间能互相帮助对方解决问题 | 1 | 2 | 3 | 4 | 5 |

## 五、创新行为

请您根据实际情况，对表格中的相关描述进行评价，并在相应的数字上画"√"。问卷的每个题项都是单选，不要多选，也不要遗漏。

| | 非常不同意 | 比较不同意 | 不确定 | 比较同意 | 非常同意 |
|---|---|---|---|---|---|
| 我主动寻求应用新的技术和方法 | 1 | 2 | 3 | 4 | 5 |
| 我经常提出有创意的点子和想法 | 1 | 2 | 3 | 4 | 5 |
| 我经常与别人沟通并推销自己的新想法 | 1 | 2 | 3 | 4 | 5 |
| 为了实现新想法想办法争取所需资源 | 1 | 2 | 3 | 4 | 5 |
| 整体而言，我是一个具有创新精神的人 | 1 | 2 | 3 | 4 | 5 |

问卷结束！再次感谢您的耐心填写！

我们将本着科学的研究态度将您与大量其他被试者的数据汇总后进行严谨的统计分析。